Reise zum inneren Licht

Spiritualität für Anfänger

W0401615

Armin Gottmann

Reise zum inneren Licht

Spiritualität für Anfänger

Theseus Verlag

Theseus im Internet: www.theseus-verlag.de.

Bibliografische Information der Deutschen Bibliothek
Die Deutsche Bibliothek verzeichnet diese Publikation
in der deutschen Nationalbibliografie;
detaillierte bibliografische Daten sind im Internet über
http://dnb.ddb.de abrufbar.

ISBN 978-3-7831-9560-6

Originalausgabe

Copyright © 2009 Theseus Verlag,
in der Verlag Kreuz GmbH
Postfach 80 06 69, 70506 Stuttgart

Alle Rechte vorbehalten

Die Verwertung der Texte und Bilder, auch auszugsweise, ist ohne Zustimmung des Verlages urheberrechtswidrig und strafbar. Dies gilt auch für Vervielfältigungen, Übersetzungen, Mikroverfilmungen und für die Verarbeitung mit elektronischen Systemen.

Umschlaggestaltung: ReclameBüro, München
unter Verwendung eines Fotos von © Studio Paggy / Getty Images
Lektorat: Susanne Klein
Gestaltung und Satz: Ingeburg Zoschke, Berlin
Druck: CPI – Clausen & Bosse, Leck
Printed in Germany

Gedruckt auf alterungsbeständigem Papier mit
chlorfrei gebleichtem Zellstoff

»… wehe den Menschen,
die in weiter Ferne suchen
und – was nahe liegt – nicht wissen …«

Aus dem Chorgesang des Zen-Meisters Hakuin

Inhalt

Einführung

Der Rosenapfelbaum

Viele Menschen sind heute auf der Suche nach einem Sinn in ihrem Leben. Von Meditation und anderen spirituellen Übungen erhoffen sie sich eine Antwort auf das aus dem Inneren kommende Sehnen nach Glück, innerer Ruhe und Klarheit in den stürmischen Konflikten des Lebens. Sie streben nach geistiger Freiheit, Überwindung althergebrachter und Leid bringender Verhaltensmuster. Andere hoffen auf die eine oder andere Form von Erleuchtung, Überwindung der engen Grenzen individueller Existenz, eine Verbindung zum Göttlichen oder die Entwicklung eines kosmischen Bewusstseins.

Glücklich können wir uns schätzen, dass viele der mystischen und spirituellen Traditionen der Menschheit heute allgemein zugänglich sind. Das war in früheren Zeiten nicht so, da die einzelnen Traditionen auf ihren Kulturkreis beschränkt blieben. Heute aber können wir uns in kurzer Zeit über Esoterik, östliche Philosophien, Schamanismus, Ekstasetechniken, Transpersonale Psychotherapie und über alle Weltreligionen sowie ihre Verzweigungen informieren. Gurus, Dharmalehrer, Schamanen, Sufis, Yoga-Lehrende und auch die christlichen Kirchen stehen bereit, uns in die von ihnen vertretene Art von Spiritualität einzuführen.

Aber dieser Vorteil, sich den eigenen spirituellen Weg aus einer großen Fülle von Angeboten auswählen zu können, birgt auch Gefahren: Nicht wenige rennen von einer Einweihung zur angeblich noch bedeutenderen, von einem spirituellen Meister zum nächsten, von einer »sensationellen« Meditationsform zur anderen. Diese ganzen Erlebnisse werden dann vermischt – und heraus kommt dann oft etwas geistig Unverdauliches. Ich habe nichts dagegen, wenn man aus verschiedenen Traditionen seinen eigenen Weg zusammenstellt. Doch wird hierbei ein Gespür dafür benötigt, was zueinander passt und was nicht. Sonst ist es, als wollte man versuchen, alle im Supermarkt erhältlichen Lebensmittel zusammen in einen Topf zu werfen, um daraus eine Suppe zu kochen.

Wie finde ich nun meinen eigenen spirituellen Weg? In Asien war es üblich, dass der spirituelle Lehrer (Guru) den Schüler für längere Zeit beobachtete, um dann den individuellen geistigen Schulungsweg auszusuchen. Eine solche sorgfältige Einführung haben wir heute meistens nicht, und auch in Asien gab es immer wieder Probleme für den Einzelnen, wenn sich ihm mehrere geistige Wege anboten. Bereits vor 2500 Jahren stellten daher die Kālāmer – ein Stamm in Nordindien – dem Buddha die Frage, welche der vielen religiösen Richtungen der damaligen Zeit wohl die richtige sei. Anstatt nun seine eigenen Anschauungen vorzutragen, erwiderte der Buddha:

> »Geht, Kālāmer, nicht nach Hörensagen, nicht nach Überlieferungen, nicht nach Tagesmeinungen, nicht nach der Autorität heiliger Schriften, nicht nach blo-

ßen Vernunftgründen und logischen Schlüssen, nicht nach erdachten Theorien und bevorzugten Meinungen, nicht nach dem Eindruck persönlicher Vorzüge, nicht nach der Autorität eines Meisters! Wenn ihr aber selber erkennt: ›Diese Dinge sind unheilsam, sind verwerflich, werden von Verständigen getadelt, und, wenn ausgeführt und unternommen, führen sie zu Unheil und Leiden‹, dann möget ihr sie aufgeben. … Wenn ihr aber selber erkennt: ›Diese Dinge sind heilsam, sind untadelig, werden von den Verständigen gepriesen, und, wenn ausgeführt und unternommen, führen sie zu Segen und Wohl‹, dann möget ihr sie euch zu Eigen machen.«

Anguttara Nikaya, III. 66, *Die Rede an die Kālāmer*

Welche religiösen Führer der Neuzeit würden wohl aus einer solchen Achtung vor der Urteilskraft des Einzelnen sprechen? Einer der wenigen war vielleicht Krishnamurti*[1], der allerdings in seiner Radikalität jegliche von außen an den Menschen herangetragene Lehre verwarf.

Wenn man nun aufgrund eigener Untersuchung und Urteilskraft eigene weltanschaulich-religiösen Überzeugungen gefunden hat (sie werden sich bei weiterer spiritueller Entwicklung verändern und vertiefen), welche der vielen Meditationsarten ist dann die richtige, um auf diesem Hintergrund spirituelle Erfahrungen zu machen und nicht bloß etwas zu »glauben«? Auch hierauf hat der Buddhismus eine mich tief berührende Antwort:

1 Namen und Begriffe, die mit einem * markiert sind, werden im Glossar am Ende des Buches näher erklärt.

Der Mann, der später zum Buddha, zum »Erwachten«, wurde, war als Kind ein Prinz eines kleinen Reiches im Norden Indiens. Als solcher hatte er schon in jungen Jahren die Aufgabe, am Fest der Getreideaussaat teilzunehmen. Wie noch heute bei Festen in Indien, ging es dabei offenbar so laut und hektisch zu, dass er sich dabei unwohl fühlte und nach einem abgeschiedenen Ort suchte. Schließlich fand er Schatten und die ersehnte Ruhe unter einem Rosenapfelbaum. Jedes andere Kind hätte sich dort wohl zum Schlafen hingelegt. Doch der junge Prinz setzte sich aufrecht hin und vertiefte sich in Meditation. Nach dem Fest aber vergaß er dieses Erlebnis wieder!

Viele Jahre später – als etwa 28-jähriger Mann und Vater – verließ er Palast und Heimat und begab sich als Wandermönch auf die Suche nach der Wahrheit und Freiheit vom Leiden sowie den Beschränkungen eines Lebens, das nur auf sich selbst fixiert ist. Er war nicht der Einzige, der diesen Weg ging. Tausende zogen zu den spirituellen Meistern der damaligen Zeit. Auch er ging in die Lehre bei den berühmtesten Yogis sowie den Lehrern der upaniṣadischen* Tradition und den Vertretern strengster Askese. Überall lernt er etwas – doch er findet seine Freiheit in sieben Jahren nicht! Da – endlich – erinnert er sich des Rosenapfelbaumerlebnisses und weiß: »Dies ist *mein* Weg zum Erwachen.« Konsequent beschreitet er den Weg seiner ihm gemäßen Meditation und erreicht in kürzester Zeit in Bodhgāya sein Ziel: das innere Erwachen, die Erleuchtung (bodhi), die ihn zum Weltenlehrer und Stifter des Buddhismus werden lässt.

Für mich beginnt das Erwachen des Buddha in seiner letzten irdischen Existenz nicht in der Nacht der Erleuchtung unter dem Baum von Bodhgāya, sondern bereits unter dem Rosenapfelbaum. Und ich weiß: Fast jeder von uns hat sein Rosenapfelbaumerlebnis in seinem gegenwärtigen Leben schon gehabt – und wahrscheinlich sogar mehrere davon! Doch wenn selbst der überragende Geist eines künftigen Weltenlehrers den Rosenapfelbaum vergessen konnte, wie viel eher dann wir! Diese Erlebnisse sind von anderer Art als das, was uns sonst im Leben begegnet. Und so erhält das Geschehen im Licht des Alltagsbewusstseins bald einen Hauch von »Unwirklichkeit«. Und was »unwirklich« scheint, wird allzu leicht und rasch vergessen. Schon recht häufig habe ich von Menschen, die zusammen mit mir versuchten, die Schleier des Vergessens zu lüften, etwa Folgendes gehört:

> »Ich weiß nicht, wie ich es erzählen soll. Jetzt, wo ich mich wieder daran erinnere, bin ich mir nicht sicher, ob ich es so wirklich erlebt habe. Aber ich weiß eigentlich doch, dass ich damals ganz stark etwas gefühlt habe. Das Gefühl war anders als das, was ich sonst kenne, es war so ruhig und stark, mit nichts vergleichbar. Seltsam, dass ich es vergessen hatte.«

Und bei einigen meiner Freunde durfte ich miterleben, was auch ich kannte:

> »Jetzt, wo ich mich daran erinnere, wird die Stimmung von damals wieder lebendig … Ja, ist das Meditation? Es ist so anders. Keine Methode, keine An-

strengung, keine Zweifel, nichts Störendes wie sonst bei meinen Meditationen.«

Wenn es uns gelingt, nach der Erinnerung auch die Stimmung, das Gefühl, die Erfahrung unserer persönlichen »Rosenapfelbaumerlebnisse« wieder aufsteigen zu lassen und sie mit einer dazu passenden Meditationsform zu verbinden, dann gelingt uns Meditation viel leichter, gewinnt an Tiefe und wir kennen unseren ureigenen inneren Weg.

Doch wie erinnert man sich an solche Erlebnisse? Ich denke, es ist hilfreich, wenn ich von einer Anzahl solcher Erfahrungen berichte. Da diese spontanen Meditationserlebnisse oft durch typische Situationen ausgelöst werden, wird sich der Leser[2] in der einen oder anderen Geschichte wiederfinden – und damit das Wiedererinnern bei sich selbst auslösen. Zu jedem Erlebnis werde ich einen Vorschlag machen, wie vielleicht im Falle einer ähnlichen Erfahrung eine in ähnliche Richtung zielende Meditation versucht werden könnte. Aber diese Vorschläge sind keine »Meditations-Kochrezepte«, denen man genau zu folgen hätte, sondern möchten nur Anregung zu eigener Gestaltung sein. Denn: »Die Wahrheit ist ein pfadloses Land« (Krishnamurti). Es ist die vielleicht wichtigste Lebensaufgabe eines jeden von uns, den eigenen Weg in diesem pfadlosen Land zu bahnen und zu gestalten, sodass sich das Geheimnis unseres Daseins enthüllt.

2 Aus Gründen der besseren Lesbarkeit wurde im ganzen Text auf die gesonderte Nennung der weiblichen Form verzichtet. Leserinnen sind hier selbstverständlich auch angesprochen.

Einssein mit der Natur

Das Meer

Der kleine Junge stand auf einer Düne und blickte zum ersten Mal im Leben auf das Meer. Das Sonnenlicht durchtränkte die Wasseroberfläche mit silbernem und goldenem Glanz, und in der Ferne verschmolzen Himmel und Wasser. Eine Grenze zwischen den beiden war nicht zu erkennen. Jeder »erfahrene« Urlauber weiß, dass dies nichts Besonderes ist und immer so ähnlich an heiteren Tagen aussieht. Aber glücklicherweise war er kein erfahrener Urlauber, sondern nur ein kleiner Junge, der zudem eine schwierige Zeit in seinem Leben durchgemacht hatte. Diese aber lag jetzt hinter ihm, war in das Speicher-Bewusstsein (wie die alten Inder dies bezeichneten) hinabgeglitten. Und so hatte er in diesem Moment das, was die Zen-Meister »Anfängergeist« nennen.

Oft dauert es Jahre und erfordert hartes meditatives Training, um als Erwachsener einen Anfängergeist zu entwickeln. Aber kleine Mädchen und Jungen haben ihn oft und tauschen ihn dann beim Heranwachsen ein in eine Welt des Schon-Gewussten, Schon-Bekannten und Schon-Erlebten. Damit können sie sich dann im Leben orientieren, durchsetzen und vorwärtskommen. Leider verschwindet mit der Welt der nunmehr bekannten 10.000 Dinge die Frische, die Lebendigkeit, die Fülle unmittelbaren Erlebens.

Auch der kleine Junge kannte bereits die graue und oft langweilige Welt der bekannten Dinge. Doch an diesem Morgen war es anders. Das Meer ergriff ihn, führte sein Bewusstsein in Unendliches – oder ergriff sein kleines Bewusstsein das unendliche Meer und wurde dadurch offen, weit und frei? Er hat wohl lange da gestanden. Doch er merkte gar nicht, wie die Zeit verging. Für ihn gab es dort keine Zeit, so gewaltig, schön und unfassbar war es. Es gab keine Worte angesichts dieses unmittelbaren Erlebens. Noch Jahrzehnte später, als er sich wieder erinnerte, wusste er: Es hatte dort am Meer kein Denken, kein inneres Geschwätz, keine eingrenzenden Begriffe gegeben. Und so fehlte ihm auch die Sprache, als er es als Erwachsener zu beschreiben versuchte. Doch eins war ihm klar: Da war ein Da-Sein gewesen, ein intensives grenzenloses Bewusstsein und ein Gefühl, für welches das Wort »Glück« glanzlos ist.

Erst viel später erfuhr er, dass die Hindus diese Unendlichkeit und das Wesen des Göttlichen umschreiben mit dem Begriff »Sein-Bewusstsein-Glückseligkeit« (Sat-cit-ānanda). Und die Erfahrung des Unendlichen im eigenen Herzen hatten offenbar schon viele vor ihm gehabt, wenn auch sicherlich auf Stufen des Erlebens, die über seine damalige Erfahrung hinausgingen. So werden etwa im Buddhismus tiefe Meditationsstufen der Raumunendlichkeit und der Bewusstseinsunendlichkeit beschrieben.

Die Īśā-Upaniṣad drückt, die Erfahrung des Grenzenlosen so aus: »Unendliches (oder unendliche Fülle) hier – Unendliches dort. Nimmst du Unendliches von Unendlichem, bleibt das Unendliche dennoch unendlich.«

Und Lama Anagārika Govinda versichert: »Im Individuum wird sich das All seiner selbst bewusst.«

Meditationsvorschlag

Versuche dich zu erinnern, ob du schon einmal ein Gefühl grenzenloser Weite gespürt hast. Es muss nicht unbedingt ein Gefühl unendlichen Raums sein. Zum Beispiel ist auch jegliches grenzüberschreitende Gefühl – wie Liebe – ein guter Ausgangspunkt für die Meditation. Lasse die Stimmung lebendig werden durch das Erinnern der damaligen Situation. Bewahre nun die Stimmung, lasse aber die Erinnerung an den ursprünglichen Anlass zurücktreten.

Stelle dir nun eine weite Landschaft vor oder – noch besser – schau in die Weite einer Landschaft vor deinen Augen. Auch der Nachthimmel mit seinen dich aus der Unendlichkeit grüßenden Sternen ist geeignet. Lasse deinen Geist so weit werden wie die Landschaft, gib dich dem Erleben der Landschaft hin. Dann werden deine einengenden Gedanken, Sorgen und Nöte vor dem Hintergrund dieses Nicht-Begrenzten kleiner werden. Sie sind noch da, aber überlagert von dem anderen, Größeren. Etwa so wie bei einem Computer, wenn ein neues Fenster über dem alten geöffnet wird. Atme gleichmäßig, langsam und bewusst ein und aus. Mit jeder Einatmung nimmst du einen Teil des Unendlichen in dich auf – bei jeder Ausatmung gibst du einen Teil von dir dem Weltganzen zurück.

Richte schließlich deinen Blick auf einen kleineren Gegenstand in deiner Nähe, zum Beispiel einen Baum. Auch er ist ein Teil des Ganzen, wird getragen und gehalten vom Grund der Unendlichkeit. Und auch du selbst bist Teil des Unendlichen, das sich in dir eine einmalige Gestalt gegeben hat.

Richte zum Abschluss nun deine Aufmerksamkeit darauf, wie du atmest und sitzt. Stehe langsam von dieser Meditation auf, erlebe dich in den ersten Bewegungen deines Körpers, bevor du wieder in das Alltagsgeschehen eintrittst.

Freiheit von der Tyrannei der Gedanken und Sorgen

Schon als Mädchen war sie anders gewesen als ihre Spielkameraden. Wenig konnte sie mit den anderen Kindern anfangen, machte zwar alles mit und war wohl auch durchaus beliebt, aber es langweilte sie vieles. Viel lieber war sie allein und saß an dem Bach, der am Garten ihres Elternhauses entlangfloss. Sie schaute auf das Wasser, und in den wirbelnden, abwärts treibenden Strudeln wurden auch ihre Gedanken fortgetragen, bis sie ganz ruhig und still wurde. Sie empfand tiefes Glück dabei, und das Rauschen des Baches war wie eine ewige, gleichförmige und ihr Gemüt ausfüllende Melodie. Doch hätte sie damals diese Stimmung wohl kaum beschreiben können. Eines war jedoch gewiss: Sie war erfüllt von Ruhe, Klarheit und tiefem Verbunden-Sein, wenn sie dort am Bach saß, so als wenn sie selbst zum Bach geworden wäre. Ihre Augen blickten dann ins scheinbar Leere, was zu heftiger Besorgnis bei ihrer Mutter führte, wenn diese ihre Tochter dort vorfand. Die Mutter strich ihr dann über die Augen und holte sie damit wieder in die Welt der gewöhnlichen Dinge zurück. Dies empfand das Mädchen als störend, sodass sie sich lieber dorthin setzte, wo die Mutter nicht in der Nähe war.

Zur Beruhigung ihrer Eltern verlor sich das Ganze mit der Pubertät, und sie »träumte« nicht mehr im Wachzustand. Als »braves Mädchen« erfüllte sie die Wünsche ihrer Eltern, war gut in der Schule und erlernte einen Beruf. Nach einem vielversprechenden Berufseinstieg heiratete sie, bekam zwei Kinder und erfüllte jahrelang ihre Pflichten als Mutter und Hausfrau. Mit dem Erwachsenwerden der Kinder und dem Scheitern ihrer Ehe geriet sie in eine Krise, die neben depressiven Zuständen auch zu einem schmerzhaften Rückenleiden führte. Nachdem eine langwierige orthopädische Behandlung versagt hatte, besuchte sie auf Empfehlung einer Freundin den Unterricht einer bekannten Yogalehrerin. Zuerst erhoffte sie sich vorrangig Linderung oder Heilung ihrer Schmerzen durch die Körperübungen des Yoga. Und diese Übungen halfen ihr tatsächlich.

Glücklicherweise war sie aber in den Unterricht einer erfahrenen Yogalehrerin geraten, die sich nicht nur auf die Vermittlung von Āsanas* beschränkte, sondern auch meditative Übungen mit einschloss. Als die Yogagruppe einmal gemeinsam mehrere Minuten lang das bekannte Mantra* OṂ sang, öffneten sich ihr die Schleusen des Vergessens, und sie saß wieder am Wasser, hörte das Murmeln des Baches, und es war ihr, als wenn sie schon als Kind den ewigen Klang des OṂ von diesem Bach gelernt hätte. Und auch jetzt fielen die Sorgen und Nöte von ihr ab, die Gedanken kamen zur Ruhe und schwangen aus im OṂ, das ihren eigenen Lebensrhythmus lebendig werden ließ.

Dieses Erlebnis veränderte sie tief. Sie hatte eine meditative Begabung und wandte sich insbesondere der Mantra-Meditation* zu. Und sie wurde Yogalehrerin. Als wir einmal über ihr Erlebnis sprachen, erzählte sie mir, dass sie in Hermann Hesses »Siddhartha« eine Stelle gefunden hatte, die ihrer Erfahrung entsprach. Hier der Auszug aus »Siddhartha«:

»Und wenn Siddhartha diesem Fluß, diesem tausendstimmigen Liede lauschte, wenn er nicht auf das Leid noch auf das Lachen hörte, wenn er seine Seele nicht an irgendeine Stimme band und mit seinem Ich in sie einging, sondern alle hörte, das Ganze, die Einheit vernahm, dann bestand das große Lied der tausend Stimmen aus einem einzigen Worte, das hieß Om: die Vollendung. ... In dieser Stunde hörte Siddhartha auf, mit dem Schicksal zu kämpfen, hörte auf zu leiden. Auf seinem Gesicht blühte die Heiterkeit des Wissens, dem kein Willen mehr entgegensteht, das die Vollendung kennt, das einverstanden ist mit dem Fluß des Geschehens, mit dem Strom des Lebens, voll Mitleid, voll Mitlust, dem Strömen hingegeben, der Einheit zugehörig.«

Meditationsvorschlag

Setze dich aufrecht hin, entweder auf einen Stuhl oder auf den Boden. Wiederhole viele Male ruhig – am besten im Rhythmus deines Atems – das Mantra OṂ. Das Mantra kann entweder gesungen, gesprochen oder gedacht werden. Lasse den Atem so fließen, wie er will, ohne ihn zu beeinflussen. Wiederhole OṂ beim Einatmen und OṂ beim Ausatmen. Lama Govinda sagt in »Grundlagen tibetischer Mystik« über die Symbolbedeutung des OṂ in den indischen Traditionen:

»OṂ erscheint dem einen als Symbol eines göttlichen Universums, dem anderen als Sym-

> bol unendlicher Macht, dem Nächsten als grenzenloser Raum und wieder einem anderen als unendliches Sein oder ewiges Leben. Da gibt es einige, denen OṂ das allgegenwärtige Licht bedeutet, andere, denen es das universelle Gesetz ist, und wiederum andere, die es als allmächtiges Bewusstsein oder alles durchdringende Göttlichkeit oder allumfassende Liebe, kosmischen Rhythmus, stets gegenwärtige Schöpferkraft oder als unbegrenztes Wissen auffassen. … Wie ein Spiegel alle Formen und Farben reflektiert, ohne seine eigene Natur zu verändern, so reflektiert OṂ die Schattierungen aller Temperamente und nimmt die Formen aller höheren Ideale an, ohne sich selbst ausschließlich auf das eine oder andere zu beschränken. Seine Natur ist das Unendliche schlechthin. … Sie symbolisiert jenen überbewussten Geisteszustand, in dem alles individuelle Streben seine Synthese und seine Verwirklichung findet.«

Übe als Anfänger nicht allzu lange mit diesem Mantra, nicht mehr als 20 Minuten – denn es könnte bei sehr lang andauernder Praxis in einem Maße wegführen von der Welt der Dinge, das dem Anfänger auf dem spirituellen Weg – der noch nicht in den beiden Welten des Endlichen und Unendlichen gleichzeitig zu leben vermag – Schwierigkeiten im Alltag bereitet.

Umgang mit der Welt

Die Höhle

Als Kind hatte sie sich oft überfordert, missverstanden und einsam gefühlt. Äußerlich überspielte sie diese Gefühle, indem sie Leistung erbrachte, sich anpasste und sich einen Freundeskreis »zulegte«. Die Eltern waren stolz auf sie, die Lehrer beeindruckt, und die Kameraden liebten sie wegen ihrer offenkundig fröhlichen und zugewandten Art.

Doch für den Fall, dass ihr das Treiben um sie her zu anstrengend – und vielleicht auch zu oberflächlich – wurde, hatte sie eine Rückzugsmöglichkeit entdeckt: Sie nahm eine Decke, verhängte ihren Schreibtisch und zog sich dann mit einigen Kissen in die selbstgebaute dunkle Höhle zurück. Dort entspannte sie sich, schwelgte in Tagträumen und entwickelte stundenlang Fantasien. Ganze Geschichten entstanden so über Liebe, Geborgenheit, beruflichen Erfolg, Abenteuer und ein naturnahes Leben in der Einsamkeit der Berge. In der Pubertät benötigte sie dann keine Höhle mehr zum Träumen, sondern konnte entspannt in ihrem Zimmer das Leben »innerlich proben«, bevor sie es im Außen verwirklichte. Es ist nicht verwunderlich, dass solch intensive Fantasien zur Verwirklichung drängen, und so hat sie im späteren Leben als Erwachsene teilweise nach den dort entwickelten Mustern ihr Leben zufriedenstellend gestaltet.

Als sie später eine beruflich erfolgreiche Frau wurde und ein recht befriedigendes Familienleben lebte, zog sie sich doch immer wieder in die Einsamkeit einer Berghütte zurück. Dort – allein mit ihrem Hund – entwickelte sie kreative Ideen und gewann neue Kraft aus der Stille der Einsamkeit. Ihre Berghütte bezeichnete sie als die »Höhle der späteren Jahre« und erlebte den Rückzug von der Außenwelt als ihre Quelle der Kraft.

Das Sich-Zurückziehen von der Außenwelt und die Abschirmung der Sinne gegenüber den äußeren Objekten wird im Yoga Pratyāhāra* genannt. Nach der Auffassung des Yoga ist dieses Stadium ein wichtiger Schritt und eine Voraussetzung für den Weg in die eigene Tiefe.

Nach der Māṇḍūkya-Upaniṣad* werden vier Bewusstseinsebenen (die fließend ineinander übergehen können) unterschieden:

1) Wachzustand; das Leben in der äußeren Welt.
2) Traum; das Bewusstsein der Innenwelt mit seinen Träumen, Ängsten, Sehnsüchten, Hoffnungen, Begierden und Vorstellungen.
3) Tiefschlaf bzw. der »traumlose« Zustand des Tiefschlafs, in dem Gedanken, Sorgen oder Fantasien sich aufgelöst haben. Es ist jedoch kein Zustand eines gewöhnlichen Tiefschlafs, weil das Bewusstsein vom eigenen Wesenskern erhalten bleibt.
4) Turīya bzw. der Zustand transzendenten, über-individuellen Bewusstseins.

Die Frau in unserer Geschichte gewann ihre Kraft aus dem zweiten Bewusstseinszustand (mit gelegentlichem Übergang zur Stufe 3). Auch einige unserer westlichen Psychotherapieformen nehmen ihre heilende Energie aus diesem Stadium, aus dem Annehmen und Ernst-Nehmen des individuellen »inneren« Menschen. Dieses Stadium ist keinesfalls das letzte und höchste, das in der Meditation erreicht werden kann. Doch ohne ein zeitweiliges Zurückziehen vom äußeren Leben und ohne eine gewisse Kenntnis unserer inneren Vorstellungen, Konflikte, Sorgen, Nöte und Hoffnungen ist uns der Gang in die Tiefe versperrt. In der Sprache unserer Märchen heißt es auch: Vor dem Schatz sitzt der Drache, und wir müssen uns zunächst mit ihm auseinandersetzen, bevor wir weitergehen können.

Meditationsvorschlag

Immer dann, wenn die Hektik des Alltags oder Konflikte und Sorgen dich zu überschwemmen drohen, ziehe dich für eine Weile (zum Beispiel ein Wochenende) in die Einsamkeit zurück. Mache eine lange (aber körperlich nicht zu fordernde) Wanderung oder ziehe dich in einen Raum zurück, in dem du nicht gestört wirst. Beginne nun – ohne dich dabei zu sehr zu konzentrieren –, auf deine Gedanken, Fantasien und Stimmungen zu achten. Nimm alles, was auftaucht, als wichtig an.

Nachdem du so eine Weile dein Innenleben beobachtet hast, wirst du vielleicht merken, dass die »Drachen« der Sorgen und Ängste dein Bewusstsein überschwemmen wollen. Auf der anderen Seite entwickelst du vielleicht auch angenehme Fantasien, die ebenfalls deine Aufmerksamkeit fordern und dich von deinen Problemen fortlocken. Lass dich nicht »auffressen« von den Drachen der Ängste und Sorgen, renne aber auch nicht weg vor ihnen. Zolle ihnen gebührende Aufmerksamkeit, frage sie, was sie dir *wirklich* sagen wollen, wovor sie dich – vielleicht auf etwas übertriebene Weise – warnen wollen, und bitte sie um Hilfe bei der Lösung deiner Situation. Wende dich aber auch deinen angenehmen Fantasien zu und frage dich, ob diese Fantasien dir vielleicht in die Zukunft weisende Möglichkeiten und Wege aufzeigen. Hier ein Beispiel für eine konstruktive Tagesfantasie und ihre Wirkung: Ein von seinem Chef gequälter Arbeitnehmer träumt davon, sich eine andere Arbeit zu suchen. Und obwohl er ursprünglich Angst vor einem Arbeitsplatzwechsel hatte, macht er es schließlich wirklich!

Wichtig ist, Zeiten zu haben, in denen die dauernde Reizüberflutung gestoppt wird (Fernsehen, Handy, Telefon, Vergnügungen, Partner, Familie, Freunde, Feinde, Arbeit) und du Raum hast, dich mit dem auseinanderzusetzen, was dich bewegt und wovor du mit deinen ganzen Aktivitäten davonläufst. Bei dieser inneren Arbeit mit dir selbst ist es auch entscheidend, dass du alles, was auftaucht, als betrachtenswert erachtest, du dich aber nicht übermäßig »davontragen« lässt und in einer Welle wie immer auch gearteter Gefühle versinkst, sondern die Rolle des Beobachters oder Zeugen beibehältst, etwa nach dem Motto: »Ah, das ist interessant und wichtig, was mich bewegt. Das habe ich bisher gar nicht so wahrgenommen und beachtet.«

Der Laufstall

Er erzählte mir, dass er die schönste Zeit seiner Kindheit im Laufstall erlebt habe, und ich erschrak: Wie kann eine solch massive Einengung der Bewegungsfreiheit als etwas Schönes erlebt werden? Doch dann erzählte er:

»Meine Eltern waren beide bildende Künstler und hatten wenig Zeit für mich. Doch oft nahm mich meine Mutter schon als kleines Kind mit in ihr Atelier. Dort setzte sie mich in einen Laufstall, damit ich sie nicht beim Malen stören oder Unordnung im Atelier anrichten konnte. So war ich gezwungen, ihr still bei der Arbeit zuzusehen. Es war beruhigend, sie in meiner Nähe zu haben. Aber vielleicht noch wichtiger war, dass ich ›sehen‹ lernte. Denn während langsam die Bilder entstanden, verfolgte ich ihr Werden mit Neugier, Interesse und zunehmendem Verständnis. Ich war sonst immer ein sehr lebhaftes Kind – auch heute noch bin ich ein lebhafter und vielseitig interessierter Mensch –, aber im Atelier meiner Mutter lernte ich, zeitweilig ruhig zu sein. So habe ich bereits als Kind in gewisser Weise gelernt zu meditieren.

Wenn ich heute unruhig bin und das Leben mir zu hektisch erscheint, gehe ich in ein Museum, vorzugsweise zu einer Zeit, wenn dort wenige Besucher sind. Dann setze ich mich auf eine Bank, einem Gemälde gegenüber. Nur ein einziges Bild schaue ich mir während eines solchen Besuchs an, dies aber für längere Zeit. Dabei wechsle ich zwischen dem Betrachten des Bildes und dem Nachhängen eigener Gedanken. Vieles bewegt mich dann, aber ich empfinde die Dinge dann so wie damals aus meinem Laufstall heraus: Es entsteht ein gewisser Abstand zwischen mir und meinen Gedanken; sie gleiten sozusagen vor meinem ›inneren Laufstall‹ vorbei. Ich kann sie wahrnehmen, habe aber einen Abstand, so wie ich früher durch die Gitterstäbe des Laufstalls zwar von der Welt getrennt, aber auch vor ihr geschützt war. So kann ich über alles nachdenken, aber es bedroht mich nicht. Bei solchen Museumsbesuchen ordnet sich mein Leben, und ich kann ruhig werden und zu klaren Entscheidungen finden, wann immer dies nötig ist.«

Wenn wir in der Hektik des Alltags und der Fülle der zu erledigenden Dinge und der auf uns einstürmenden Konflikte in unserem eigentlichen Sein unterzugehen drohen, kann es notwendig sein, sozusagen freiwillig in einen »Laufstall« zu gehen, die Außenwelt um uns herum zu begrenzen und uns zeitweilig vor ihr zu schützen. Eine solche Reaktion zieht uns nicht ganz so weit weg von der Welt, wie es in der Geschichte von der Höhle beschrieben ist, aber sie stellt einen gewissen Abstand zu den vielen Dingen und uns auferlegten Zwängen her, und wir kommen wieder in die Position eines Anteil nehmenden Beobachters, ohne in Handlungen hineingezwungen zu sein. So entsteht eine geistige Freiheit, die uns wieder Luft zum Atmen gibt.

Meditationsvorschlag

Nicht jeder von uns ist von Kindheit an darauf trainiert, durch Betrachten von Bildern innerlich ruhig zu werden. Dein »geistiger Laufstall« aber könnte zum Beispiel sein, dich hinzusetzen und aus dem Fenster zu schauen. Dabei siehst du einerseits auf die vor dir liegende Landschaft, andererseits kannst du aber auch deine Gedanken und Empfindungen in dir aufsteigen lassen und sie so wie die vor dir liegende Landschaft betrachten.

Falls du aber innerlich sehr aufgewühlt bist, kommst du vielleicht auf diesem Wege nicht zur Ruhe. Dann kann es eher hilfreich sein, in die Natur zu gehen, vorzugsweise dahin, wo du nur selten Menschen begegnest. Schaue in die Landschaft und lasse gleichzeitig deinen Gedanken und Gefühlen freien Lauf, während du gehst (und damit einen Teil deiner Unruhe in die Füße verlagerst und damit abreagierst). Hänge dabei aber nicht an einem bestimmten Gedanken und Gefühl fest, sondern beobachte das Wechselspiel der sich ständig ablösenden Gedanken und Stimmungen.

Die Suche nach dem Sinn

Was ist wichtig?

Er fühlte sich als bedeutender Mann in einer Firma, die Außenstehende als nur wenig bedeutsam ansahen. Sein Leben hatte er seit Jahren der Firma gewidmet und forderte von sich und seinen Mitarbeitern weit mehr, als es das Tarifrecht hergab. Unerbittlich korrigierte er den kleinsten Fehler seiner Untergebenen, die ihn fürchteten und ihm den Spitznamen Mr. Wichtig(tuer) gegeben hatten.

Heute fühlte er sich schlecht – und bemerkte es. Für die meisten Menschen mag dies nichts Besonderes sein. Aber Herr Wichtig gehörte nicht zu der Gruppe der meisten Menschen. Gefühle und Stimmungen verachtete er als Schwäche und schob daher eigene Regungen des Gemüts in die hinterste Ecke seines Bewusstseins, wo sie ein Dasein im Schattenreich führten. Sie rächten sich, indem sie gelegentlich Herrn Wichtig an heftigen Magenschmerzen, dröhnendem Schädel oder Durchfällen leiden ließen. Da er Gefühle nie beachtet und sich stets über sie hinweggesetzt hatte, konnte er jetzt nicht näher benennen, was ihn überkommen hatte: War es Wut, Angst, Verzweiflung, Trauer oder Enttäuschung? Er saß auf seinem Stuhl wie gelähmt, unfähig zu einer Handlung. Der Atem ging schwer, sein Herz raste, ihm war schwindlig, der Kopf glühte, die Hände waren eiskalt, und er zitterte am ganzen Leib. Vor einer Stunde hatte ihm seine Partnerin mitgeteilt, dass sie sich von ihm trennen werde, da er sie seit Jahren nicht mehr beachtet habe. Sie habe das Gefühl, dass er sie nicht mehr liebe. Sie hatte es scheinbar beiläufig, aber doch mit großer Entschiedenheit gesagt, als er sich beim Frühstück in den Börsennachrichten seiner Zeitung vergraben hatte. Er war so vertieft in die Zeitung, dass er ihre Worte beinahe nicht gehört hätte. Kommentarlos hatte er sich ihre Anklage dann doch angehört und war mit einem Achselzucken aufgestanden. Seine einzige sichtbare Regung war das Zuknallen der Tür gewesen. Kaum in der Firma angekommen, hatte sein Chef ihn zum Gespräch antreten lassen und ihm mitgeteilt, dass durch seine Schuld ein bedeutsames Geschäft geplatzt sei (was nicht stimmte, da der Chef selbst falsche Entscheidungen getroffen hatte). Seine Führungsqualitäten wurden angezweifelt und obendrein noch die Frage in den Raum gestellt, ob ein anderer Mitarbeiter seinen Posten übernehmen sollte.

Berge von Anfragen lagen auf seinem Schreibtisch. Doch er konnte nichts tun, grübelte und versuchte verzweifelt, einen klaren Gedanken zu fassen. War *das* der Dank? Hatte er nicht seiner Partnerin so manchen Luxus geboten? Hatte er sich nicht Tag und Nacht für die Firma eingesetzt? War er nicht immer so fleißig gewesen, wie sein Vater es von ihm verlangt hatte? Als Junge bei den Schulaufgaben hatte er oft verträumt aus dem Fenster auf einen großen Baum geschaut und danach viel entspannter arbeiten können. Doch als der Vater seine »Träumereien« bemerkte, hatte er den Jungen angeschrien und verlangt, er solle zügig seine Pflicht erfüllen. Und das hatte er seitdem fast immer getan.

Sollte er jetzt – da alles zusammenbrach – dem Gebot des Vaters endlich trotzen? Er hob den Blick, weg von den Papierbergen, und sah aus dem Fenster in den davor liegenden Park. Ein Liebespaar saß eng umschlungen auf einer Bank. Er musste lächeln. Auch er hatte in der Jugend so gesessen, zeitweilig Arbeit und Pflicht vergessen. Er wünschte den beiden da draußen, dass die harte Arbeitswelt ihre Liebe nicht so zerstören werde, wie es jetzt mit seiner Partnerschaft geschehen war.

Eine Mitarbeiterin trat ins Zimmer – und erschrak: So hatte sie ihren Vorgesetzten noch nie gesehen, aus dem Fenster schauend, lächelnd, die Papierberge offensichtlich ignorierend. Und anstatt sie zur Arbeit anzutreiben, bat er sie, sich einen Moment zu setzen und ihm zuzuhören. Stockend berichtete er von seinem Kummer, seiner Wut, seiner Verzweiflung. Schleppend war sein Bericht, weil er es nicht gewohnt war, eigene Gefühle wahrzunehmen, geschweige denn, sie anderen mitzuteilen.

Seit diesem Tag legte er oft Pausen bei der Arbeit ein, sah aus dem Fenster, trank Kaffee und sprach mit seinen Mitarbeitern über deren Sorgen und Nöte. Eine größere Anzahl von Überstunden lehnte er zum Ärger seines Chefs ab. Dieser konnte ihn jedoch als fähigen Mitarbeiter nicht entbehren und musste daher nachgeben. In seinen freien Stunden war er in der Natur. Einsam waren seine Spaziergänge, in denen er sich über sich selbst klarer wurde. War es verwunderlich, dass die schon erwähnte Mitarbeiterin ihn schließlich auf seinen Spaziergängen begleitete, nachdem er wieder ein Mensch geworden war? (Zwei Jahre später zogen sie zusammen.)

Meditationsvorschlag

Immer wenn es im Alltag besonders turbulent oder gar bedrohlich zugeht und die Ereignisse und Anforderungen sich häufen – mache erst einmal *nichts*. Schaue aus dem Fenster, lasse für kurze Zeit die Gedanken und Sorgen zur Ruhe kommen. Oder beobachte deinen Atem, so, als wenn nichts wichtiger auf der Welt wäre als eben dies. Eine solche Pause kann eventuell nur wenige Minuten dauern, wird dir aber die Kraft geben, deine Aufgaben nacheinander und ohne größere Aufregungen in Ruhe anzugehen. Wenn es aber besonders heftig zugeht, steige kurz innerlich aus, indem du dich fragst: »Was mache ich hier eigentlich?« Schaue dir so gewissermaßen bei deinem eigenen hektischen und »wichtigen« Treiben zu und finde so zur Ruhe einer konzentrierten Handlung zurück.

Die Sinnsucherin

Sie hatte soeben das 30. Lebensjahr vollendet. Zufrieden blickte sie auf ihr bisheriges Leben zurück. Nach einer ziemlich glücklichen Kindheit sowie einer problemlosen Schulzeit hatte sie studiert und danach rasch Karriere gemacht. Auch ihr Mann hatte beruflichen Erfolg. Sie beide hatten viele Freunde (glaubten sie), nahmen rege am Kulturleben ihrer Stadt teil und galten als das ideale Paar. Sie hatten sich während der Studienzeit kennengelernt.

Nur ein kleiner Schatten lag auf ihrem Leben: Sie würden nie Kinder miteinander bekommen. Sie war also glücklich, dachte sie. Aber je länger sie über ihr bisheriges Leben anlässlich ihres 30. Geburtstages nachdachte, desto unbehaglicher wurde ihr. War sie denn wirklich glücklich? In ihrer Ehe machten sich Ermüdungserscheinungen breit, die ursprüngliche Liebe war abgeklungen, und trotz mancher gemeinsamer Unternehmungen schien man eine andere Sprache zu sprechen. Ihr Mann war im Laufe der Jahre immer sachlicher und nüchterner geworden, von dem früheren Romantiker, den sie so sehr geliebt hatte, war nichts übrig geblieben. Ja, in gewisser Weise war er zynisch und hart geworden, nachdem ihm ein weiterer beruflicher Aufstieg wegen eines launenhaften Chefs versagt geblieben war. Sie selbst aber war immer gefühlvoller geworden und setzte sich mit Engagement für manche Freundin ein, die in die eine oder andere Schwierigkeit geraten war. Überall galt sie als hilfsbereit und war gern gesehen.

Doch was war mit ihr selbst? War nicht auch sie in Schwierigkeiten, wenn auch auf etwas andere Weise als die

Menschen, die sie umgaben und die sie ihre Freunde nannte? Je länger sie nachdachte, je mehr fühlte sie: Es fehlt etwas in meinem Leben. Was soll das Ganze eigentlich? Wozu tue ich all diese Dinge? Sie erinnerte sich, wie sie als Kind auf der Wiese gelegen und in den blauen Himmel geschaut und dabei die vorüberziehenden Wolken beobachtet hatte. Und so wie die Wolken, so waren damals auch ihre Gedanken und Empfindungen leicht und frei vorübergezogen. Dadurch war sie zeitweilig frei gewesen von den aufwühlenden Gefühlen der beginnenden Pubertät. Sie war damals erfüllt gewesen von einem Erleben unendlicher Weite und stillen Glücks. Es wurde ihr klar, dass dies die intensivsten und besten Stunden ihres Lebens gewesen waren, nicht die vielen »Erfolge«, die sie im Leben erzielt hatte. Es schien ihr, als wenn in diesen Augenblicken die ganze Welt sich ihrer in ihr bewusst geworden war. Da war keine Trennung zwischen Welt und Ich gewesen, nur ein Gefühl unendlicher Weite und Verbundenheit mit allem Leben. Sollte dies auch jetzt noch der Weg zu wahrem Glück sein?

Und so ging sie an einem schönen Sommermorgen auf eine Wiese, legte sich ins Gras, schaute auf zum blauen Himmel und sah einige Wolken vorbeiziehen. Doch sie blickte mit den Augen der 30-jährigen, von Unruhe erfüllten Frau, und je länger sie da lag, desto nervöser wurde sie. Die Beine zuckten, die Haut kribbelte, das Herz begann schneller zu klopfen, Angst stellte sich ein – jetzt, da es keine Ablenkung durch den Mann, Freunde oder Arbeitskollegen gab. Wie hatte sie es damals bloß gemacht, so frei von allem zu sein? Sie schloss die Augen, versuchte sich zu erinnern. Sie dachte nicht darüber nach, wie sie es als Kind gemacht hatte, – sie begann vielmehr *nachzufühlen*. Damit aber kam nicht nur eine Erinnerung an die Zeit von damals auf, vielmehr stieg das *Gefühl* selbst hoch. Und als sie nun die Augen öffnete, da war wieder das Erlebnis fast grenzenloser Freiheit. Und sie wusste: Wenn es ihr gelänge, die Weite des Bewusstseins (das sich für sie mit der Grenzenlosigkeit des Himmels verband) in den Alltag hineinzutragen, dann würde alles, was sie tat oder entschied, vor dem Hintergrund des Unendlichen seinen Sinn erhalten.

Es ist für mich nicht verwunderlich, dass sie sich nach diesem Erlebnis auf den spirituellen Weg des Zen begab. Allerdings übte sie nie so formal, streng und ritualistisch, wie es in manchen Formen des Zen heute praktiziert wird. Sie war inspiriert von der Aussage des Bodhidharma*, jenes indischen Mönches, der den Zen-Buddhismus nach China brachte. Er war nach seiner Ankunft in China vom Kaiser zur Audienz geladen worden, und dieser hatte ihn gefragt, was das Wesen des Buddhismus sei. Anstelle eines gelehrten Vortrages hatte er geantwortet: »Offene Weite – nichts Heiliges darin.« Der fromme Kaiser verstand nichts und schickte ihn fort. 20 Jahre später – selbst alt und weise geworden – bedauerte der Kaiser, Bodhidharma fortgeschickt zu haben, den weisesten Menschen, der ihm je begegnet war.

Auch die Frau unserer Geschichte begriff erst 20 Jahre später, was sie in ihrer Kindheit schon erfahren hatte, aber erst vor dem Hintergrund ihrer Lebenserfahrung in seiner Bedeutung wirklich verstand.

Meditationsvorschlag

Setze dich ans offene Fenster oder in freier Natur auf eine Wiese. Schaue in den Himmel, vorzugsweise an einem Tag mit Sonnenschein und einigen Wolken. Und indem du so in die unendliche Weite schaust, lasse dich davon inspirieren, auch dein Bewusstsein offen und weit zu machen. … Gedanken, Empfindungen, Eindrücke ziehen vorüber. Nimm intensiv wahr, was in dein Bewusstsein tritt, halte aber nicht daran fest. Lasse Gedanken, Eindrücke und Empfindungen so weiterziehen wie die vorübertreibenden Wolken. Bleibe wach, klar und bewusst. Dann frage dich behutsam: »Was ist der Sinn meines Lebens?« Öffne dein Bewusstsein über die Grenzen des alltäglichen Einerleis. Und, vielleicht, steigt dann eine Ahnung in dir auf von dem, was du bist und wozu du da bist.

Orte der Kraft und der innere Guru

Heilige Orte

Sie hatte heftige Konflikte mit ihrem Partner und war mit ihm für längere Zeit nach Indien gereist. Dort – im Land ihrer gemeinsamen spirituellen Sehnsüchte und Träume – erhoffte sie sich eine Lösung für ihre Probleme. Doch diese bestanden weiter mit unverminderter Heftigkeit, und im Streit hatte er sie in einer kleinen indischen Stadt zurückgelassen. Sie war voller Unruhe und Verzweiflung.

In jener Stadt gab es ein Mausoleum eines berühmten Heiligen, der sowohl von Hindus als auch von Moslems verehrt und von beiden Glaubensgemeinschaften als einer der ihren betrachtet wurde. Zu Lebzeiten war seine Botschaft die der universellen Liebe gewesen. Und so pilgerten die Menschen zu seinem Grabmal, um Erlösung von ihren Sorgen und Problemen zu erbitten. Daher ging nun auch sie zu der Pilgerstätte, um den Beistand der geistigen Präsenz des Heiligen zu erflehen.

Dort angekommen, wollte sie ihre kummervollen Gedanken im Gebet ausbreiten. Sie verneigte sich vor dem Grab und setzte sich in den Schatten eines Baumes direkt neben dem Mausoleum. … Und in diesem Augenblick hörten alle Gefühlsstürme, alles Denken und erst recht alles Bitten und Flehen um Hilfe auf. An jenem Morgen versank die Welt um sie herum, und sie war erfüllt von Ruhe, Klarheit und tiefem innerem Frieden. Eine Gewissheit erfüllte sie, dass sie jegliche auf sie zukommende Situation meistern würde, und sie spürte: Viel Schlimmes wird geschehen – aber im tiefsten Grunde wird es zugleich unbedeutend sein. So wie der Ozean zwar auf der Oberfläche von Wellen bewegt wird, so ist er doch in der Tiefe still und ein tragender Grund für die Wellen, die letztlich wieder in die unermessliche Tiefe zurückgleiten. Sie fühlte sich getragen von etwas Unendlichem. Sie wusste nicht zu sagen: War dies etwas in ihr selbst oder ging ein Einfluss vom Ort des Heiligen aus?

Als sie die Augen öffnete, war es bereits Spätnachmittag, und so hatte sie offenbar viele Stunden in tiefer Meditation verbracht, ohne sich der Zeit bewusst gewesen zu sein. Eine größere Ansammlung von Menschen hatte sich um sie schweigend versammelt, Menschen, die das Phänomen kannten: Am Grab des Heiligen war schon so mancher in tiefe Meditation über Stunden versunken, Raum und Zeit vergessend. Wunderbar gestärkt, ausgestattet mit der Gewissheit, ihre Schwierigkeiten wie immer auch zu meistern, stand sie auf.

Meditationsvorschlag

Wenn du in deinem Leben nicht weiter weißt, Konflikte und Sorgen dich niederdrücken und du keinen Ausweg mehr findest, suche einen heiligen Ort auf. Nicht jeder kann nach Asien fahren, aber auch wir in Deutschland haben Orte der Pilgerschaft, Kirchen und Plätze in der Natur, an denen wir die Kraft von etwas spüren können, das größer ist als wir. Suche dir möglichst schon außerhalb der Zeiten der Not einen solchen Platz, werde mit ihm vertraut, indem du dort Augenblicke der Stille verbringst. Jeder Ort, an dem Menschen über lange Zeit gebetet oder meditiert haben, kann zu einer Stätte der Kraft und Hoffnung werden. Und wenn du dann die Hilfe eines solchen Ortes, einer über dich selbst hinausweisenden Kraft benötigst, dann setze dich dort still hin und öffne dich der Präsenz dessen, was da IST. Höre auf zu bitten, zu flehen oder gar zu betteln (was man ja manchmal fälschlicherweise als Gebet bezeichnet) und öffne dich Dem, das größer ist, als du es bist. Ein solches Sich-Öffnen ist ein wirkliches Gebet. Die Hilfe, der Trost, die Stärkung, die du erfahren wirst, ist möglicherweise eine ganz andere, als du mit deinen Wünschen erhofftest. Doch kannst du wirklich wissen, was letztlich wirklich gut für dich ist? So hatte zum Beispiel die Frau in unserer Geschichte gehofft, ihre Partnerschaft wiederherstellen zu können. Doch was sie als Hilfe tatsächlich erhielt, war die Fähigkeit, sich endlich aus der Partnerschaft zu lösen und ein eigenständiges, freies Leben zu gestalten, zum Segen für sie selbst und für die Menschen, die ihr begegneten.

Tiruvannamalai (I): Die Nacht des Śiva

Ich hatte gerade mein Medizinstudium beendet und befand mich mit meiner schwangeren Frau auf Indienreise. Nach einigen anderen Stationen waren wir nach Tiruvannamalai gereist, zum Āshram des verstorbenen berühmten Rāmaṇa Maharshi. Ich hatte eine besondere spirituelle Atmosphäre erwartet. Doch zunächst schlug uns das Misstrauen orthodoxer Brahmanen* entgegen. Zwar wurden im Tempel über Stunden wundervolle vedische* Rezitationen gesungen, doch alles war verschmutzt, und der Āshram lag wie in einem Dornröschenschlaf. In dem Raum, in dem Rāmaṇa Maharshi gelebt und gelehrt hatte, saß selten jemand. Auch Quartier erhielten wir nur mit Mühe im Āshram; vielleicht lag es daran, dass wir als etwas abgerissen daherkommende Studenten einen ärmlichen, hippieartigen Eindruck machten. Und wenn nicht die reizende Witwe von Arthur Osborne (der ein Buch über den Heiligen geschrieben hatte) gewesen wäre – wir hätten, glaube ich, bald wieder unsere Sachen gepackt.

Aber am Abend stand der Vollmond am Himmel, und es war die Nacht der traditionellen Pradakṣiṇa* (Umwandlung) des heiligen Berges Aruṇācala, der als Sitz des Gottes Śiva* angesehen wird und an dessen Fuß Rāmaṇa Maharshi gelebt hatte. Wie die anderen Pilger umkreiste ich den Berg auf steinigem Weg ohne Schuhe, aus Ehrfurcht vor dem heiligen Ort. Die Füße schmerzten nicht, und als nach Stunden die Pradakṣiṇa vollendet war, waren sie völlig unversehrt. Langsamen Schrittes umwandelten wir den in der indischen Vollmondnacht klar erkennbaren Berg, so wie die anderen ständig das Mantra sprechend: OṂ NAMAḤ ŚIVĀYA, OṂ, Verehrung dem Śiva.

Von überall her ertönten die Muschelhörner zu Ehren Śivas, der Klang des Mantras aus tausend Kehlen umwehte den Berg. Dabei verebbte der Strom der Gedanken, Frieden zog ins Herz ein, und die Zeit verlor sich im ewigen Jetzt. Alle Unruhe der vergangenen Tage war vergangen, und es schien, als wenn das Rätsel des Daseins und der Sinn meines Lebens sich ahnend enthüllten im hellen Bewusstsein, das kaum noch Worte kannte. Śiva, ja vielleicht auch Rāmaṇa Maharshi, war mit auf dem Weg.

Śiva ist der Gott oder Das, was uns stets Wandlung ermöglicht. Er zerreißt die Schranken der Mittelmäßigkeit, der wohlgefälligen Selbstgenügsamkeit, der Bequemlichkeit und der Stagnation und wirft uns in das Abenteuer des ungesicherten Lebens. Wer sich ihm aber anvertraut, der erlebt Halt selbst noch im Sturz, Sicherheit in der Ungesichertheit, Ruhe im Sturm und Trost in der Verzweiflung. Denn Śiva ist auch Herr des Yoga – wenn alles zusammenzubrechen scheint, kommt die Ruhe aus dem Herzen, die Kraft aus der Meditation. Jeder von uns steht unter dem Einfluss von Śiva in dem Sinne, dass im Leben Aktivität, Aufbau und Bewahren des Erschaffenen im Gleichgewicht stehen muss mit Loslassen, Verändern, Verwandeln, aber auch mit der Hinwendung zu unserem Innersten. Im indischen Mythos wechselt Śivas kosmischer wirbelnder Tanz der Auflösung des Erstarrten ab mit Jahrhunderten tiefster Meditation.

Seit jener Nacht steht mein Leben im Zeichen Śivas: Immer wenn ich versuchte, mit aller Macht das Erreichte zu halten, entglitt es mir. Doch wenn es mir gelang, mich dem Wandel zu stellen, erhielt ich alles – und mehr – in veränderter Form zurück! Dies galt nicht nur für mein äußeres Leben, sondern noch viel mehr für meine spirituelle Entwicklung, die bei aller Stetigkeit des Bemühens auch immer wieder das Wagnis des Sprungs in die Offenheit des Seins erforderlich macht. Was habe ich – geboren in der Kriegszeit – für Ängste vor Veränderungen! Doch dann ertönt das Muschelhorn des Śiva, und ich werde innerlich frei.

Auch mein Guru Lama Govinda war im Leben und in seiner Entwicklung zum Mystiker und Weisen ständigem Wandel ausgesetzt. Und so schrieb er das folgende Gebet an Śiva, das auch mein Empfinden ausdrückt:

Entwerden

Śiva – Der Umwandler

Śiva!
Du stürmender Zerstörer der Welt!
Du wandelnder Umwandler!
Der du nimmst und gibst in einem Atem:

Befreie mich von mir selbst!
Entforme die Form zur Freiheit.
Entwirke das Leben des Wurzelns,
Entwirke das Leben des Klammerns,
Entwirke das Leben des Haftens!

Erlöse mich vom Tod der Beharrung
zum Sturme des Lebens,
Dem Sturm, der Bäume entwurzelt,
Dem Sturm, der, was klammert, zerreißt,
Dem Sturm, der, was haftet, zerwirbelt!

Erlöse mich vom Leben,
Das den Tod verneint,
Du wandelnder Umwandler!
Du tanzender Befreier der Welt!

Lama Anagārika Govinda, *Mandala und Lotos*

Meditationsvorschlag

Setze dich an einen ruhigen Ort, komme innerlich zur Ruhe, achte auf deinen Atem und wende dich dann folgendem Thema zu:

Stelle dich den notwendig werdenden Wandlungen in deinem Leben. … Aber welche sind nötig und welche *nicht*? Wo musst du Śiva bitten, dir Aufschub zu gewähren – nicht wegen deiner Furcht, sondern weil die Zeit zum Wandel noch nicht gekommen ist? Und wann musst du Kraft und Mut entwickeln, um notwendige Veränderungen zu wagen?

Tiruvannamalai (II): Der innere Guru

Am Morgen nach dem nächtlichen Umkreisen des heiligen Berges Aruṇācala erwachte ich früh. Āshram und Tempel waren noch nicht zum Leben erwacht, obwohl schon der Silberstreif der Morgensonne erahnbar war. Es waren noch alle müde von der Pradakṣiṇa. Ich aber war nicht nur wach, sondern in einem Zustand intensivierten Bewusstseins, während mein Körper sich leicht und schwerelos anfühlte. Und ich »wusste«: Ich sollte jetzt zu Rāmaṇa Maharshi* gehen. Doch wo war Er, der schon lange verstorben war, hier in diesem Āshram?

Wie von selbst trugen mich die Füße zu dem Raum, in dem der Rishi* gelebt und gelehrt hatte. Die Tür war angelehnt, das Dämmerlicht des Morgens erfüllte den Raum. Niemand war anwesend, nur das Sofa, auf dem der Heilige gesessen hatte, stand dort. Ehrfürchtig verneigte ich mich und setzte mich dem Sofa gegenüber, schloss die Augen und war augenblicklich erfüllt von Ruhe, Stille und Glück. Und nach einiger Zeit hatte ich Rāmaṇa Maharshi so klar und deutlich vor Augen, als säße er leibhaftig auf dem Sofa. Ich wusste, die Augen durfte ich jetzt nicht öffnen. Seine Augen blickten ruhig, liebevoll und strahlend und sagten: »Frage!« Eine gewaltige Präsenz erfüllte den Raum, und es entspann sich ein »Dialog«, der deutlich – und doch ohne gesprochene Worte – geführt wurde. In Worte gekleidet lässt sich das Erlebnis nur unvollkommen ausdrücken; es war, als ob mein zukünftiges Leben vor mir ausgebreitet würde:

Ich: »Rāmaṇa, ich bin Buddhist, kann ich dir dennoch Fragen stellen, wie du es mir anbietest?«

Rāmaṇa: »Der Buddha, als dessen Anhänger du dich bezeichnest, ist der größte von uns Rishis. Es war weise von ihm, das Höchste nicht in Worten zu benennen, sondern es nur anzudeuten mit ›ungeboren, ungeschaffen, ungestaltet‹. Wenn ich sehe, wie die, die mir folgen wollen, aus meiner Lehre vom Ātman* ein vergrößertes Ich machen, dann seid ihr Buddhisten mir näher. … Doch genug. Frage!«

Ich: »Wird mein Leben glücklich verlaufen?«

Rāmaṇa: »Glück ist nicht das Ziel des Lebens. Du stehst unter dem Zeichen Śivas. Dein Leben wird viele Jahre unruhig sein – äußerlich oder innerlich. Du willst in der Welt leben und gleichzeitig im Ewigen. Du verachtest die Māyā*, willst aber Glück von ihr. Sie wird dich lehren, es wird schmerzvoll sein, bis du 50, 60 Jahre bist. Aber du wirst nicht in der Māyā, in der materiellen Welt, versinken, da du ahnst, was darüber hinausgeht. … Die Götter werden dir in Not und Gefahr zur Seite stehen, dir deine Entschlüsse und dein Handeln aber nicht abnehmen. Dein späteres Leben wird erfüllt sein, … was mehr ist als bloßes Glück. Und dann wird wohl auch die Einsamkeit enden, die dich im tiefsten Inneren viele Jahre begleiten wird – auch wenn du mit den Menschen äußerlich gut auskommen wirst.«

Ich: »Was kann und muss ich tun?«

Rāmaṇa: »Vernachlässige nicht die liebevolle Hinwendung zur äußeren Welt. Doch werde nicht vollkommen abhängig von ihr. Meditiere und sei dir der zwei Seiten der Wirklichkeit bewusst.«

Die innere Vision verblasste. Doch Stille erfüllte noch lange den Raum, auch als weitere Besucher kamen.

Meditationsvorschlag

An entscheidenden Wendepunkten des Lebens (und du wirst wissen, wenn sie kommen) frage in die Stille deiner gewohnten Meditation hinein: »Wie kann ich sein?« Das ist wahrscheinlich besser als mein damaliges »Was muss ich tun?« – doch musst du selbst entscheiden, wie deine Frage lauten soll.

Und wenn die Zeit gekommen ist, wird die Antwort kommen, auch wenn es bei dir wahrscheinlich nicht in Form einer Vision von Rāmaṇa Maharshi sein wird. Doch habe Geduld, denn die Vision kommt – wie Śri Aurobindo* sagt – »in der Stunde des Unerwarteten«.

Ein imaginäres Gespräch (Mondō*) mit meinem verstorbenen Zen-Meister

»Ehrwürdiger Meister, vor fast 40 Jahren bedrängte ich dich mit meinem Wunsch, von dir ein Kōan zu erhalten. Zwei Jahre hast du mich lächelnd abgewiesen, so als wenn du meine Frage nicht verstanden hättest. Dann aber warst du so gütig, mir zu antworten, und sagtest: ›Die eigentlichen Koans stellt das Leben selbst.‹

Ich verstand zunächst nicht, dass du mir damit ein Kōan an die Hand gegeben hattest, und es benötigte fünf weitere Jahre und eine Ehescheidung, das zu begreifen. Um ein Kōan – ein »metaphysisches Lebensrätsel« – zu lösen, bedarf es nun einmal auch der gesammelten Kräfte und der Erfahrung des ureigenen Seins. Dabei hattest du mir mit der folgenden Geschichte schon deutlich gemacht, worum es ging:

›Du rennst um dein Leben, denn ein Tiger ist hinter dir her. Da kommt das Ende des Weges, ein Abgrund tut sich vor dir auf, und du fällst in den Abgrund. Im letzten Augenblick gelingt dir der rettende Griff nach einer Baumwurzel an der Wand des Abgrundes. Es ist unbequem, aber du kannst dich daran festhalten. Der Tiger ist zwar über dir, kann dich aber gerade nicht mehr erreichen und steht zähnefletschend am Abgrund. Da siehst du, wie zwei Mäuse – unerreichbar für dich – an der Wurzel nagen, an der du dich festhältst. Was machst du nun?‹

Für mich einfältigen Schüler hattest du noch hinzugefügt: ›Es gibt Situationen, da ist alles falsch, was du tust.‹

Jahrzehntelang habe ich nach deinem Fingerzeig gelebt, war mir immer der Vergeblichkeit all meines Tuns im Grunde bewusst und bin auf diesem Wege sogar zu einem begrenzten Verständnis des mir wesensfremden landläufigen Kirchen-Christentums gelangt. Heute aber muss ich dich, ehrwürdiger Meister, fragen, warum du mir gerade diesen Hinweis gabst. Denn ob etwas richtig oder falsch ist, ist doch die Frage des Geistes, der geistigen Einstellung. In der von dir vorgeschlagenen Version des ›Alles ist falsch‹ gibt es folgende Möglichkeiten:

1) Ich gebe auf und lasse mich in den Abgrund fallen, der Vernichtung entgegen.

2) Ich schwinge mich über den Abgrund und werde vom Tiger gefressen.

3) Ich sitze die Situation aus, solange es geht, bzw. solange die Mäuse die Wurzel nicht durchgeknabbert haben, ständig erfüllt von Angst, wann ich in den Abgrund stürzen könnte.

4) Ich könnte einen Stein aus der Wand brechen und ihn nach dem Tiger oder den Mäusen werfen. Aber die Wand ist zu glatt, der Stein würde alle noch mehr reizen und sie nicht vertreiben.

5) Ich verhalte mich unauffällig und still, in der Erwartung, dass Tiger und Mäuse dann vielleicht fortgehen (aber das wird wohl nicht geschehen).

6) Ich bettele um Gnade (aber der Tiger wird mich nicht verstehen, er ist hungrig und grausam).

Alle diese Möglichkeiten lösen das Problem nicht, wie du richtig bemerkt hattest. Die Antwort auf die drängenden Fragen der Lebenssituation sind also nicht zu lösen durch

(1) Resignation,
(2) Selbstmord,
(3) angsterfülltes Warten auf das Unheil,
(4) vergebliche aggressive Versuche,
(5) Sich-klein-Machen oder
(6) Flehen um Mitleid in einer erbarmungslosen Welt.

Aber, verehrter Meister, *jede* dieser Lösungen kann auch die richtige sein, wenn es meinem Wesen wirklich entspricht:

1) Ich kann mich vertrauensvoll in den Abgrund des Lebens fallen lassen, wenn ich der Überzeugung bin, dass die Bodhisattvas*, Engel, ein gütiger Gott oder mein gutes Karma mich auffangen werden oder dass ich notfalls in neuer Form auferstehen werde.

2) Ich kann mich der Gefahr (dem Tiger) mutig entgegenstellen. Dabei ergeben sich drei Möglichkeiten: a) Der Tiger ist verblüfft von meinem Mut und läuft davon oder ist gar nicht hungrig und aggressiv, und nur ich dachte, er sei eine furchtbare Bestie; b) ich opfere mich dem Tiger und lebe so weiter, indem ich ihm durch meine Gabe das Leben schenke (so wie ein Bodhisattva);

c) ich schwinge mich auf den Rücken des Tigers und werde so Herr der Bestie. Ich zähme den Tiger, und seine Kräfte dienen mir von nun an.

3) Ich schaue nach, ob ich nicht etwas in meinen Taschen habe, das den Mäusen (den Kräften der Tiefe, die trotz ihrer Kleinheit an meiner »Lebenswurzel« nagen) besser behagt als die »Lebenswurzel«. Notfalls könnte ich ihnen vielleicht einige Tropfen »Lebensblut« abgeben.

4) Anstatt mich hilfloser, blinder Aggression zu überlassen, könnte ich versuchen, mit den Mäusen und dem Tiger in ein Gespräch zu kommen. Sollte aufgrund unserer verschiedenen »Sprachen« auch ein Gespräch nicht möglich sein, könnte ich doch die Kraft meiner Liebe so stark entfalten, dass die Tiere mir nichts mehr antun, so wie der Buddha durch seine Liebe selbst einen betrunkenen Elefanten besänftigt haben soll. Dort, wo ich den anderen echte Liebe und Verständnis entgegenbringe, löst sich oft die Gefahr auf. Allerdings darf das nicht ein würdeloses Betteln um Verständnis für meine Situation sein nach dem Motto: ›Ich bin an allem schuld und nehme alle Schuld auf mich, aber bitte tut mir nichts zuleide.‹

5) Ich wahre meine Würde und versuche allen deutlich zu machen, dass ich nicht gewillt bin, das Opfer zu sein, und dass sie es derart schwer haben werden, mich zu fressen, dass ihnen die Lust daran vergehen dürfte.

6) Ich tue kund, dass auch ich ein Recht habe, mich im Garten des Lebens oberhalb des Abgrunds frei zu bewegen. In dieser Selbstverständlichkeit dem Leben gegenüber schrumpft der Tiger auf erträgliche, bezwingbare Maße, so wie im Märchen der Drache schwindet, sobald man ihn ansieht, anstatt vor ihm davonzulaufen.‹«

Nach diesen Überlegungen meinte ich meinen Meister aus der Unendlichkeit zu hören:

»Du hast recht, mein Sohn, du hast eine Teilantwort gefunden. Und wenn ich dich hiermit lobe, so weißt du auch, dass ich nur meine schwachen, nicht erwachten Schüler lobe, um sie zu weiterem Forschen anzuregen und zu ermuntern, den weglosen Weg zu suchen. Aber was entspricht nun *deinem* Wesen? Du weißt, ich habe auch europäische Philosophie studiert. Ortega y Gasset* sagte einmal so treffend: ›Selbst wenn ich mich nicht entscheide, habe ich entschieden, mich nicht zu entscheiden.‹

Sage mir, was ist dein Wesen? In der Sprache eines Kōans, das ich dir nun gebe: ›Wer warst du, bevor deine Eltern geboren wurden?‹«

Meditationsvorschlag

Wenn du in einer Lebenssituation wirklich nicht mehr weiterweißt, folge der Stimme deines Herzens. Doch dafür musst du zunächst still werden – und warten, aktiv warten (anstatt passiv die Situation auszusitzen). Denn die leise innere Stimme ist nur hörbar, wenn der geschwätzige Geist des Wollens und Müssens, der Konventionen, der aufgesetzten Regeln und Moral vor dem Hintergrund des Unendlichen in deinem Herzen zur Ruhe kommt.

Freiheit durch Engagement

Das Glück nach Anstrengung und Anspannung

Sie wurde zum ersten Mal Mutter und war schon etwas fortgeschritten an Jahren für eine Erstgeburt. Auch die Schwangerschaft war nicht ohne Probleme gewesen, und wie viele werdende Mütter stellte sie sich die beunruhigende Frage: »Wird mein Kind gesund sein?« Sie lag nun schon 18 Stunden im Kreißsaal, war erschöpft, verängstigt und gequält von den Schmerzen der Wehen. Doch die Geburt wollte nicht vorangehen. Unerträglich waren die Wellen der Schmerzen. Sie hatte sich aber für eine bewusste Geburt entschieden und nur wenig an schmerzlindernden Mitteln akzeptiert. Irgendwann kam ihr spontan der Gedanke: »Ich will mich nicht mehr nur auf den Schmerz, sondern vielmehr auf mein Kind konzentrieren.« Und in den nächsten zehn Minuten hatte sie ihren Sohn geboren. Sie ließ ihn sich auf ihren Bauch legen, und alles, was sie vorher durchmachen musste, war vergessen.

Trotz der Erschöpfung war sie zunächst nicht müde, sondern hellwach. Es entstand eine Stimmung ungeheuren Glücks, frei von Gedanken. Sie war ganz bei ihrem Kind, und es fand der erste »Dialog« ohne Worte statt. Die schwere Geburt war vorbei, und sie fühlte nur eine tiefe klare Ruhe, Frieden und Erfüllung.

Meditative Bewusstseinszustände stellen sich nicht selten dann ein, wenn Sorgen und Nöte von uns abgefallen sind und zudem eine schwierige Aufgabe bewältigt wurde. Das ist natürlich nicht nur bei einer Geburt der Fall, sondern kann zum Beispiel auch nach bestandenen Prüfungen, bewältigten Projekten, einer anstrengenden Wanderung, nach der Klärung einer schwierigen Situation, der Überwindung von Ängsten oder dem Hinter-sich-Lassen eingefleischter Gewohnheiten und Zwänge auftreten. Viele Menschen fallen nach der Bewältigung schwieriger Dinge und Situationen entweder in eine dumpfe Erschöpfung (die sie »Entspannung« nennen) oder stürzen sich in äußere Zerstreuungen nach der vorausgegangenen entbehrungsreichen Zeit. Es ist aber auch möglich, zu einem solchen Zeitpunkt die Ruhe, den Frieden und das Glück klar und bewusst zu genießen und zum Ausgangspunkt meditativen Erlebens zu machen – so wie es spontan die Frau nach der Geburt ihres Sohnes erfuhr.

Meditationsvorschlag

Das nächste Mal, wenn du wieder etwas erreicht hast, was dir schwer erschien und auf das du stolz sein kannst, lasse dich zunächst nicht in den Zustand der Erschöpfung fallen. Lenke dich auch nicht ab und stürze dich nicht sogleich auf die nächste Aufgabe. Setze dich für einige Minuten aufrecht hin, atme ruhig und nehme die Stimmung wahr, die entsteht, wenn Wollen, Sollen, Müssen und Begehren für einen Moment zur Ruhe kommen. In diesem zeitlosen Moment kannst du erfahren, was es bedeutet, wenn dein geschwätziger Geist frei von der Last der Gedanken ist. Und dies ist der Augenblick, in dem Meditation beginnt.

Du wirst die Stimmung wahrscheinlich nicht lange halten können. Doch du kannst dich wieder daran erinnern und zum Ausgangspunkt auch anderer Meditationen machen.

Der Dom und die Möglichkeit des Karma-Yoga

Sie war allein und fremd in der großen Stadt. Hierher war sie gekommen, weil sie nach Monaten der Arbeitslosigkeit wieder eine Stelle in ihrem alten sozialen Beruf gefunden hatte und diesen neuen Job notgedrungen antreten musste. Eigentlich hatte sie sich ihr Arbeitsleben anders vorgestellt nach ihrem Studium, das sie auf dem zweiten Bildungsweg mühevoll, aber erfolgreich abgeschlossen hatte.

Auch sonst schien ihr Leben trotz aller Bemühungen gescheitert zu sein: Ihre Ehe war vor Kurzem zerbrochen, und ihre beiden erwachsenen Kinder waren nach bürgerlichen Maßstäben gescheiterte Existenzen. Dabei hatte sie stets versucht, ihnen alles Notwendige beizubringen, um das Leben zu bewältigen. War ihr Leben gescheitert, jetzt da sie das 40. Lebensjahr überschritten hatte?

Sie war in der DDR aufgewachsen und hatte keine religiöse Erziehung erhalten. Und so verwunderte es sie selbst, dass sie sich bei ihrer Ankunft vom großen Dom in der Mitte der Stadt angezogen fühlte. Stille erfüllte das Innere des mächtigen Raumes. Nur wenige Betende saßen auf den Bänken. Sie ging ganz nach vorn, setzte sich in die erste Reihe und ließ die Stimmung auf sich wirken. Vor ihr hing ein Kruzifix, dahinter leuchteten die bunten Scheiben der Fenster, die ein unbestimmtes Licht auf die gekreuzigte Gestalt warfen. Da hing einer, der auf grausamste Art hingerichtet worden war, unschuldig verurteilt, obwohl er doch nur die Menschen zu innerer Umkehr hatte aufrufen wollen.

In seinem aufrichtigen Versuch, seiner Umgebung Werte der Menschlichkeit aufzuzeigen, war er völlig gescheitert (mehr konnte sie nicht darin sehen, da sie nicht christlich war). Dieser Mensch war für die damalige Zeit so unbedeutend gewesen, dass nur sehr wenige Geschichtsschreiber des Römischen Reiches ihn erwähnt hatten. Und doch: Hatte er nicht in seinem Scheitern schließlich Millionen Menschen ein Signal der Hoffnung gegeben? Zwar glaubte sie nicht daran, dass ein Gott seinen einzigen Sohn unschuldig ermorden ließ, um der Menschheit seine Vergebungsbereitschaft zu demonstrieren. Doch konnte sie sehen, wie viel Trost dieser geschundene Mensch in seinem Scheitern in die Welt gebracht hatte.

Und sie selbst? Waren ihre Kinder denn unglücklich, nur weil sie kein bürgerliches Leben führten? Hatte sie in ihrer Erziehung versagt oder vielleicht ihren Kindern sogar auf tieferer Ebene Segen gebracht? War das Scheitern ihrer Ehe eventuell die Möglichkeit eines Neuanfangs? Hätte sie wirklich mit ihrem Diplom in den Wirtschaftswissenschaften mehr für die Menschheit bewirken können als jetzt mit ihrer Arbeit als Altenpflegerin? Und so sagte sie sich und dem Gekreuzigten vor ihr: »Ich weiß nicht, was aus meinem Leben noch werden wird. Aber ich weiß dies: Ab heute kann ich wieder Altenpflegerin sein, so lange wie mich das Schicksal an diese Stelle stellt. Dies ist *jetzt* meine Aufgabe, bis zu einem neuen Lebensruf, dem ich mich dann stellen werde.«

In der indischen Tradition nennt man es Karma-Yoga* – den Yoga der Tat –, wenn man bestrebt ist, die vom Leben und vom Schicksal anvertrauten Aufgaben zu erfüllen, um so zum Welterhalt (Loka-Samgraha*) im guten Sinne beizutragen. Dabei ist es aber auch erforderlich, sich neuen Aufgaben und Herausforderungen mutig zu stellen. Während wir im Westen zielorientiert sind, zählt in den östlichen Weisheitslehren viel mehr die Absicht und das rechte Bemühen für die innere Entwicklung eines Menschen. Daher schlägt der Karma-Yoga vor, seinen Aufgaben nachzukommen, doch nicht alles vom Ergebnis abhängig zu machen oder beim Scheitern zu verzweifeln. Entscheidend ist das Bemühen – alles Weitere liegt nicht immer in unserer Hand.

Meditationsvorschlag

Versuche herauszufinden, was das Leben in deiner gegenwärtigen Situation von dir selbst und deiner Umgebung verlangt. Doch achte auch auf die Veränderungen, die dein Lebensschicksal für dich bereithält, um dich vielleicht noch in andere Wirkfelder zu führen.

Der Marathonläufer

Er war 38 Jahre alt geworden, hatte einen Beruf, der ihm ein ausreichendes Einkommen, aber keinen weiteren Aufstieg bot. Auch eine kleine Familie hatte er gegründet, und die Eigentumswohnung war teilweise abgezahlt. Er hätte eigentlich zufrieden sein können. Aber sein Leben war eintönig und langweilig geworden.

Ein Freund hatte ihm zu Sport geraten, um seinem Leben eine neue Aufgabe zu geben. So kam ihm während eines feuchten, aber keineswegs fröhlichen Kneipenabends die Idee, es mit Marathonlauf zu versuchen. Sein Freund lachte ihn aus und sagte ihm, dass er das nie schaffen werde, da er schon immer unsportlich gewesen sei. Der Freund riet ihm, sich etwas weniger Herausforderndes vorzunehmen. Er aber sagte: »Wenn ich schon mit Sport beginne, dann richtig!« Und so schlossen sie eine Wette ab.

Und tatsächlich: Der Anfang war schrecklich. Nach wenigen 100 Metern Lauf keuchte er, das Herz raste, die Beinmuskeln schmerzten, und er fühlte Stiche in der Lunge. Zunächst gab er auf. Doch dann packte ihn der Ehrgeiz, und er machte weiter, ohne sich um die körperlichen Symptome zu kümmern. Und das Wunder geschah: Immer wenn er das Gefühl hatte, es gehe nicht weiter, und er machte dennoch weiter, so geriet er für eine Weile in einen Zustand, in dem das Laufen wie von selbst gelang. Der Atem wurde rhythmisch, die Schritte irgendwie leichtfüßiger, die Schmerzen ebbten ab. In diesen Augenblicken stellte sich ein Gefühl der geistigen Leichtigkeit, des Wohlbehagens, der Freude und auch des Stolzes über die nunmehr mögliche Leistung ein.

Allerdings währten diese Momente nicht allzu lange. So dehnte er im Laufe der Zeit allmählich die Grenzen seiner physischen Belastbarkeit mehr und mehr aus, und im Alter von 42 Jahren hatte er tatsächlich einige Marathonläufe mit passabler Laufzeit hinter sich gebracht. Ihm war klar, dass er keiner der großen Läufer mehr werden konnte, aber er hatte sein Ziel erreicht und das Laufen als Hobby entdeckt. Nach einiger Zeit aber, in der er seinen Triumph (und seine siegreiche Wette) genoss, stellte sich wiederum eine gewisse Unzufriedenheit ein: Er war zwar nun körperlich fitter, fühlte sich frischer und wacher, doch fragte er sich nun, ob das alles im Leben gewesen sein solle.

Diese Frage und seine Unsicherheit brachten ihn zum Yoga und zur Meditation auf der Suche nach dem Sinn des Lebens, dem Sinn *seines* Lebens. Und da er sich eifrig bemühte, hatte er auch hier bald einige Anfangserfolge: Die Gedanken wurden ruhiger und klarer, und er konnte nun eine Weile still auf dem Meditationskissen sitzen. Doch sobald er versuchte, für einen längeren Zeitraum zu meditieren, kam gewaltige Unruhe auf: Die Gedanken rasten wieder, er wurde von heftigen Gefühlen überschwemmt, eine Unruhe trat auf, die ihn nicht nur geistig ergriff, sondern ihn förmlich zwang, von seinem Sitzkissen aufzuspringen, umherzulaufen und sich abzureagieren.

Und wieder begann er, über diese Grenze hinauszugehen, so wie er es beim Laufen gemacht hatte. Mit eisernem Willen blieb er sitzen, zwang sich, sein Meditationsobjekt in den Mittelpunkt der Aufmerksamkeit zu stellen, biss die Zähne zusammen, straffte seine Haltung und wachte unerbittlich über das Entstehen von Gedanken und Gefühlen. Und so gelang es ihm tatsächlich, die Unruhe niederzukämpfen. Aber er blieb dabei verkrampft, und nach den Meditationssitzungen kam er sich häufig zerschlagen wie nach einem Marathon vor. Sollte dies die geistige Freiheit und Weite sein, die ihm seine Meditationslehrerin als Frucht gelungener Meditation versprochen hatte?

Erst langsam begriff er, dass Meditation nicht die gleiche Art von Willenseinsatz erforderte wie das Marathontraining. Der Wille zum Durchhalten der »Durststrecken« war zwar auch hier erforderlich, aber jeder zwanghafte, harte Willenseinsatz verhinderte die Entwicklung jenes grundlegenden meditativen Gefühls des »geistigen Geöffnet-Seins« und offener Weite bei gleichzeitiger Konzentration auf einen Meditationsgegenstand. Denn – so hatte ihm seine Meditationslehrerin vermittelt – nur in einer solch offenen Weite könne der Meditationsgegenstand zum Kristallisationspunkt unmittelbarer Erfahrung allen Lebens und allen Geschehens werden.

Nun begann er, geduldig und beharrlich, über die Grenzen seiner Ungeduld hinauszugehen, einfach unbeirrt weiter zu meditieren, ohne sich dabei zu verkrampfen. Die gleichmütige Beharrlichkeit in seinen Meditationsübungen aber führte ihn schließlich über die Grenzen der Alltagserfahrung hinaus. Er hatte – wie beim Laufen – nicht aufgegeben, aber seinen Willen mit Sanftmut, mit Warten-Können, Beharrlichkeit und Gleichmut verbunden. Und so »erblühte« für ihn die »Blume der Meditation«. Aber dies war nicht etwas, das er erzwang oder hätte erzwingen können. Er hatte begriffen, was der Zen-Buddhismus meint, wenn er sagt: »Blumen blühen absichtslos.« Und doch:

Auch absichtslos blühende Blumen müssen Nahrung, Erde, Wasser und Licht erhalten, so, wie es auf spirituellen Wegen notwendig ist, die Praxis der Meditation zu pflegen. Was war nun die Blüte seiner Meditation? Er hat es mir nicht verraten. Nur dies sagte er mir: Es habe seinem inhaltsleeren Leben Sinn gegeben, und alles Weitere werde er höchstens mit seiner Meditationslehrerin besprechen.

Meditationsvorschlag

Immer wenn du meinst, du könntest nicht mehr länger meditieren, meditiere gerade dann etwas länger. Höre nicht auf, aber sei geduldig und nachsichtig mit deinem umherirrenden Geist. Versuche, ihn stets sanft und nachhaltig wieder zum Meditationsobjekt zurückzuführen. Gib nicht auf, gehe sanft über die Grenzen hinaus! Vielleicht gelingt dir dies auch in anderen schwierigen Situationen des Lebens. Sei sanft, beharrlich – und gib nicht auf!

Mystische Erfahrung

Das Licht

Sie war schon fortgeschritten an Jahren. Nach ihrer Pensionierung hatte sie begonnen, an einer Volkshochschule als Yogalehrerin zu arbeiten, und hatte einen kleinen Schülerkreis um sich versammelt. Die Gruppe ihrer Schüler war relativ klein, denn sie verstand es nicht, große Worte zu machen, sondern wirkte im Stillen – im Gegensatz zu vielen spirituellen Lehrern, die in erhabenen Sätzen von Dingen sprechen, die sie nie selbst erfahren haben. Doch sie strahlte eine Tiefe und Ruhe aus, die mir zeigte, dass sie in das Geheimnis jenseits der Welt der Erscheinungen vorgedrungen war.

Seit vielen Jahren besuchte sie die Vorträge des indischen Philosophen Jiddu Krishnamurti im Berner Oberland, und oft saßen wir abends vor der großartigen Kulisse des Tales von Saanen, schauten in die Weite der Landschaft und ließen das von Krishnamurti Gehörte in uns nachwirken. Sie hatte extra dafür Englisch gelernt, um ihn gut verstehen zu können, doch ich hatte den Eindruck, dass sie eine der wenigen unter seinen vielen Zuhörern war, die ihn jenseits der Worte verstanden. Ab und zu fragte sie mich, was er wohl mit Ausdrücken wie »Flamme der Achtsamkeit«, »still gewordener Geist« oder »unmittelbare Erfahrung« gemeint habe, und ich versuchte ihr in meinen Sätzen das zu sagen, was sie selbst viel besser wusste. Oder versuchte sie etwa herauszuhören, ob ich etwas wirklich begriffen hatte? Ein Gedanke, der mir erst viel später kam.

Als wir so in einer Dämmerstunde zusammensaßen, war es mir plötzlich, als ob das Tal von einem seltsamen Glanz erfüllt sei: Nicht die untergehende Sonne warf ihr Licht auf die Landschaft, sondern das Licht schien aus den Dingen selbst zu strahlen. Sie erhielten eine bisher von mir nicht gesehene Tiefe und Klarheit und wirkten wie durchsichtig. Als ich meine Gesprächspartnerin darauf aufmerksam machen wollte, sagte sie mit ruhiger Stimme: »Du kannst es also auch sehen. Ich kenne das seit meiner Kindheit. Immer wenn ich ruhig werde, kommt das Licht aus den Dingen. Als kleines Mädchen habe ich zuerst auf helle Sonnenflecken geschaut, war davon angezogen. Später konnte ich das Licht auch mit geschlossenen Augen sehen und empfinde auch heute noch großes Glück, wenn es kommt. Doch ich kann es nicht erzwingen. Wie Krishnamurti sagt, es gibt keine wirkliche Methode außer der, ganz offen zu sein und ohne Vorurteile und Erwartungen zu beobachten, was geschieht. Und dann – manchmal – gibt es Stunden wie heute Abend.«

Sie wirkte noch bis ins hohe Alter im kleinen Kreis. Eines Abends – sie war weit über 80 – gab sie eine Yogastunde, die alle besonders inspirierte. Am nächsten Morgen ging sie zu ihrem Briefkasten und fiel um. Sie wurde offenbar gleich von Nachbarn gefunden, und der Notarzt wurde gerufen. Die Reanimation war vergebens, aber wozu hätte sie auch in dieses Leben und den gebrechlichen Körper zurückkehren sollen? Ein Lächeln lag auf ihrem Gesicht. Sie kannte das Licht, von dem es im Tibetischen Totenbuch heißt, dass es uns im Todesaugenblick aufleuchtet und uns von unserer engen individuellen, ichbezogenen Existenz befreien kann, wenn wir in es eingehen. Doch die meisten weichen erschrocken zurück und gelangen erneut in den Kreislauf der Wiedergeburten. Ich bin davon überzeugt, dass es meine Freundin gewagt hat, ins Licht zu gehen, und uns vielleicht als Lichtwesen zur Seite steht, wenn wir uns der Klarheit und Weite unmittelbarer Erfahrung öffnen.

Mystiker aller spirituellen Traditionen der Menschheit sprechen von diesem Licht. So berichtet etwa Hildegard von Bingen, dass ein großes Licht über sie kam und sie danach die Bibel verstand – »aber nicht so wie die Schriftgelehrten«. Und sowohl im alten als auch im heutigen Indien gehört es zur täglichen Pflicht der Brahmanen, das äußere und innere Licht mit der Gāyatrī* anzurufen, um von ihm geleitet zu werden. Das Gāyatrī-Mantra lautet:

> OṂ BHUR BUVAḤ SVAḤ
> TAT SAVITUR VAREṆYAM
> BHARGO DEVASYA DHĪMAHĪ
> DI YO YONAḤ PRACODAYĀT.

Die Sinn- und Wortbedeutung ist in etwa folgende: OṂ wir durchdringen mit unserem Bewusstsein die äußere Welt, die innere Welt und die tiefste Welt im Inneren. Lasst uns über den erhabenen Glanz des Sonnen-Gottes meditieren. Möge er uns leiten in all unseren Aktivitäten, Bemühungen und Erfahrungen.

Meditationsvorschlag

Wenn du die Möglichkeit hast, in der freien Natur einen Sonnenaufgang zu erleben, schaue in die Weite und betrachte die ersten Strahlen der aufgehenden Sonne. (Sieh aber nicht direkt in die Morgensonne, dies würde deinen Augen schaden). Wenn dies nicht möglich ist, stelle dir mit geschlossenen Augen einen Sonnenaufgang vor; am besten einen, den du selbst einmal erlebt hast und der in dir eine meditative Stimmung hervorgerufen hat.

Lass dich von den Strahlen des Lichts berühren und stelle dir vor, wie dein ganzer Körper von diesem Licht durchdrungen und erhellt wird. Wenn du willst, kannst du dies mit dem Mantra OṂ verbinden oder als Fortgeschrittener mit der Gāyatrī. Es ist vielleicht hilfreich, bei dieser Morgenmeditation zu beschließen, den Tag lichtvoll zu begehen und so sich selbst und anderen ein Licht in den Schwierigkeiten des Alltags zu sein.

Die Nacht des Nicht-Ich

Erst vor Kurzem hatte er gelernt, etwas tiefer gehend zu meditieren. Ruhig und klar floss der Strom des Atems, die Gedanken verminderten sich, die Gefühle und die Stimmung erreichten ein angenehmes Gleichmaß. Er fühlte sich wohl, als er so in der großen Halle eines indischen Āshrams zu mitternächtlicher Stunde saß.

Der lärmende Āshrambetrieb war zu dieser Stunde zur Ruhe gekommen, und auch die Natur um ihn her war still geworden. Er öffnete die Augen. Das große Gemälde des berühmten Yogis*, auf dessen Inspiration hin der Āshram einmal gegründet worden war, wurde vom Vollmondlicht erhellt. Ernst waren die Züge des Yogis, und dieser schien mitten in das Herz des Meditierenden zu blicken. Unruhe überkam ihn, und er glaubte, den Yogi fragen zu hören: »Soll das alles sein, was dein Lehrer dir beigebracht hat? Ein bisschen Ruhe, weniger Gedanken, Erlösung vom Sturm deiner jugendlichen Gefühle? Hattest du deinen Meditationsmeister nicht gefragt, wie der Buddha wohl Erleuchtung erlangt habe, und er hatte geantwortet, durch Atemmeditation? Was du aber hier vor meinen Augen treibst, ist nur die Zähmung deines Innenlebens, mehr nicht. Das ist nicht das, was der Buddha wirklich gemacht hat. Schau tiefer, es ist die Stunde, in der nicht nur die äußere Welt, sondern auch die innere Welt zurücktreten kann.«

Er schloss wieder die Augen. Bald war er sich seines Atems nicht mehr bewusst. Der Herzschlag war nicht mehr fühlbar. Die Körpergrenzen schwanden, er fühlte sich –

und mit »er« meinte er seinen Leib – nicht mehr. Eine ungeheure Angst vor Vernichtung und Auflösung, vor Tod und Nicht-mehr-da-Sein überkam ihn und zwang ihn, die Augen zu öffnen. Ruhig und friedlich umgab ihn die warme indische Nacht. Doch sein Herz raste, die Gedanken überschlugen sich, er zitterte vor Angst. Und erst als er auf das Bildnis des Yogis schaute, der nunmehr zu lächeln schien, konnte er sich beruhigen.

Auch sein Meditationsmeister beruhigte ihn und meinte (nach einigen Erläuterungen über diese Stufe der Meditation), er solle das nächste Mal genau beobachten, was geschehe. Und so saß er wieder in einer Mondnacht vor dem Bildnis des großen Yogis, wieder versanken Atem, Körper und Gedanken in ein Nichts. Kurz nur war die Angst, nicht mehr da zu sein, und als sie abebbte – da war leuchtende Klarheit, Bewusstsein füllte den Raum, und es war, als wenn die Welt, der Raum nun bis ins Grenzenlose atmeten, pulsierten, lebten. Lange hat er wohl so gesessen, doch da gab es keinen »er«, der saß, und auch kein »ich«, das dies wahrnahm. Aber da war Bewusstsein jenseits eines begrenzenden Ichgefühls, und so gab es auch keine Angst vor Auflösung oder Vernichtung, sondern ein Mitschwingen und Mitfließen im Strom des Seins. Nur langsam kam er in seinen Körper zurück, es war etwas schmerzhaft, und er war kaum in der Lage, sich zu bewegen.

Er schaute auf das Bild des Yogis. Dieser blickte ernst, aber auch mit einem leichten Lächeln auf ihn. Oder schaute er nicht auch ein wenig spöttisch, als wenn er sagen wollte: »Junger Mann, dies ist ja nun wirklich erst der allerkleinste Anfang von dem, was man vielleicht Meditation nennen könnte.«

Meditationsvorschlag

Komme zunächst zu einer gewissen inneren Stille, mit welcher Meditationsmethode auch immer. Dann stelle dir die Frage (wie es unter anderem Rāmaṇa Maharshi vorschlug): WER BIN ICH?

Beantworte die Frage nicht gleich, sondern lass dir aus der Stille heraus Antworten kommen. Dann frage weiter:

Was bin ich alles *nicht*?

Bin ich

– mein Leib?

– meine Gedanken?

– meine Gefühle?

– das Resultat meiner Herkunft?

– , was meine Freunde und Feinde von mir wahrnehmen?

– , was ich besitze?

– , was ich gelernt habe?

– , was ich kann?

Und wer bin ich, wenn ich all dies nicht bin?

WER BIN ICH?

Die zweifache Wahrheit

Er hatte gerade eine Woche intensiver Meditation beendet. Es war die Nacht vor der Abreise aus dem Retreat. Schön war die Woche gewesen, voller Frieden und Ruhe. Die Meditationssitzungen waren lang und tiefer als gewöhnlich gewesen, und er war unzufrieden, als er jetzt durch die Nacht ging.

Alle Konflikte und Sorgen, Verletzungen und Kränkungen des vergangenen Jahres stürmten von heftigen Gefühlen begleitet auf ihn ein, so als wenn sie nur auf die Gelegenheit gewartet hätten, dass die Meditationszeit zu Ende sei. Er dachte daran, welche Ungerechtigkeit er erlebt hatte bei nahe stehenden Menschen und wie viel Leid er hatte mit ansehen müssen. Er selbst war erschöpft vom Abschluss seines Studiums. Und immer weiter gingen die Gedanken: Auch wenn er Vegetarier war, so fühlte er sich doch auch verantwortlich für den Tod von Lebewesen, um selbst am Leben bleiben zu können. Vor seinem inneren Auge stiegen Bilder auf von der Ausbeutung unserer Erde und den schlimmen Folgen der Massenproduktion. Warum lebte Leben vom Leben, warum war er nicht Bewohner eines reinen »Buddhalandes«, wo es weder das Töten noch Hass und Streit, Eifersucht und Neid gab?

Und doch: Diese grausame, ungerechte, egoistische Welt konnte auch schön sein, wie er gerade jetzt bemerkte. In der Winternacht leuchtete der Vollmond und tauchte die kahlen Zweige der Erlen in ein silbriges, unbestimmtes Licht. Klar und scharf zeichnete sich die Krone eines mächtigen Baumes vor dem Nachthimmel ab. Wie magisch wurde sein Blick von den mächtigen Zweigen und Ästen angezogen, reglos stand er und schaute ohne einen Wimpernschlag. Doch was war das? Das so klare Bild veränderte sich zu einer Art zweidimensionalem Gemälde. Sah er genauer hin, war die Krone dreidimensional, bei etwas unscharfem Blick war wieder das zweidimensionale »Gemälde« sichtbar. Dies alles mag zunächst nichts Besonderes sein, sondern davon abhängen, ob man einen Gegenstand genau oder weniger scharf fixiert. Er konnte mühelos von der einen zur anderen Art des Betrachtens übergehen. Aber dann geschah es, dass er den Baum *gleichzeitig* zwei- und dreidimensional erblicken konnte. Sein Geist war außerordentlich wach und klar, und er begriff unmittelbar die Bedeutung des Erlebten: Die Dinge und alles Geschehen haben mehrere Seiten, die sich eigentlich gegenseitig ausschließen und doch zusammengehören, ja sich gegenseitig bedingen. Wie könnte es Gerechtigkeit ohne Ungerechtigkeit geben, wie Leben ohne Tod, wie Liebe ohne Hass, wie Schönheit ohne Hässlichkeit? Und war das, was jetzt so grausam erschien, die Möglichkeit des Neubeginns? War das friedliche Buddhaland vielleicht gerade in der Auseinandersetzung verborgen, zu der wir uns aufgeschwungen haben? War es nicht die Leere und Öde eines in Gewohnheiten erstickten Lebens, das uns den Mut und die Kraft zu neuen Erfahrungen gab?

In dieser Nacht gaben ihm die Götter ein Geschenk mit auf seinen Lebensweg: Immer wenn er in Konflikte geriet (in denen ja bekanntermaßen alles teilweise falsch ist, was wir tun, egal wie wir handeln), konnte er in die Nacht gehen, aber auch in den Nebel, den Sturm und den Regen. Und Nacht, Nebel, Sturm und Regen gaben ihm Antwort:

»Wie immer du dich entscheidest, es ist immer auch richtig. Nur wage die Entscheidung. Stelle dich dem Leben. Alles, was du tust, ist ein völlig unwesentliches Phänomen in Raum und Zeit, um das du dich besonders engagiert bemühen musst, denn es ist dein Leben, welches das Leben anderer berührt. Was immer du tust, es führt dich zum Wesentlichen, wenn du es engagiert und deiner (augenblicklichen) Wahrheit gemäß tust.«

Indische Philosophie spricht davon, dass es zwei Ebenen der Wirklichkeit gibt: die relative Wirklichkeit der Phänomene, wie wir sie erleben, und die Ebene der darüber hinausgehenden Wahrheit, die nicht beschreibbar ist, aber erlebt werden kann. Diese höhere Ebene der Wirklichkeit durchdringt und umfasst die Sphäre der relativen Wirklichkeit, die dadurch einen hintergründigen Sinn erhält und einen tragenden Grund findet.

Meditationsvorschlag

Wenn du in eine schwierige Situation oder in Stagnation in deinem Leben geraten solltest, in der kein Ausweg möglich erscheint, setze dich aufrecht und aufmerksam hin, atme langsam und ruhig, nimm deinen Atem wahr.

Aus dieser Ruhe heraus denke nun an dein Problem. Wirst du unruhig dabei, richte die Aufmerksamkeit wieder auf den Atem. Lasse Gedanken und Einfälle zu deinem Problem aus dieser Geistesruhe heraus aufsteigen. Kein Einfall ist unwichtig, kein Einfall ist wichtig. Lasse die Einfälle aufsteigen wie Blasen aus einem Sumpf. Sie sind eine kurze Weile an der Oberfläche und platzen dann. Halte keinen Gedanken fest, grüble nicht weiter darüber nach. Lasse weitere Einfälle und auch Gefühle aufsteigen, betrachte sie, nimm sie wahr, aber hänge ihnen nicht nach. Versuche nicht, sie wegzuschieben oder zu behalten. Du kannst dich mit den Gedanken nach der Meditation wieder beschäftigen, falls du dich noch daran erinnerst (was du tun wirst, wenn es wichtige Einfälle waren). Beende die Meditation, indem du wieder auf deinen Atem achtest, ohne dass du ihn willentlich beeinflusst.

Wenn du möchtest, kannst du hinterher die erinnerten Einfälle und Gedanken »sortieren«. Dies ist aber nicht unbedingt nötig, da sich die Dinge oft klären, wenn du die mehrschichtige Sicht durch die Gesamtheit deiner Einfälle zugelassen hast. Oft klärt sich dann etwas im Verborgenen.

Der Weg der Liebe

Liebe und Freiheit

Sie kannten sich schon seit Jahrzehnten, waren in verschiedenen Abteilungen einer großen Firma tätig und mochten sich sehr. Mehrmals hatte sie ihm gegenüber angedeutet, dass sie mehr für ihn empfinde als bloße Sympathie. Und auch ihm war klar, dass er sie liebte. Doch er ließ dieses Gefühl bei sich nicht zu, denn zunächst war er, später dann auch sie, in anderen Beziehungen gebunden. Beide hatten sie Kinder und zahlreiche Verpflichtungen. So waren die Jahre ins Land gegangen, und sie hatten beide inzwischen ihren 50. Geburtstag gefeiert – vielmehr erlitten, denn ihnen war mehr und mehr die Endlichkeit des Lebens bewusst geworden.

Zudem hatte sich in den letzten zwei Jahren Dramatisches ereignet: Die Ehen der beiden hatten sich unter schwierigen Umständen aufgelöst, die Kinder verließen die Elternhäuser, sein Vater war gestorben, während ihre Mutter unter zunehmender Gedächtnisschwäche litt. So waren sie vom Leben Verwundete und Gezeichnete, die dachten, ihr weiteres Leben werde öde und freudlos vorübergehen.

Eines Tages aber trafen sie sich auf einer Fortbildungstagung der Gewerkschaft, denn sie engagierten sich bei als Betriebsräte in ihrer Firma. Während des Vortrages des

Referenten wurde er plötzlich unruhig. Was war los? Er blickte zur Seite, sah seine Kollegin … und es fiel ihm wie Schuppen von den Augen: Da saß die Frau seines Lebens, und alle Begegnungen und Partnerschaften zuvor waren nur Vorbereitung, nur Ersatz für diese eine gewesen! Es war ein Augenblick höchster Intensität und Klarheit, und er wusste: Entweder diese Frau oder keine. Und so gestand er ihr seine Liebe.

Sie hatte lange Jahre auf ihn gehofft und entdeckte nun wie vom Blitz getroffen ihre alte Liebe neu. Innerhalb von Minuten hatten sie die Konferenz verlassen, fanden sich wieder im Hotelzimmer. Doch es kam hier nicht zu einer flüchtigen Bettgeschichte, wie dies bei Tagungen so häufig der Fall ist. Vielmehr vertieften sich die Verliebten in Gespräche, in denen sie einander ihr vergangenes Leben ausbreiteten. Und als der nächste Morgen begann, waren sie noch immer am Erzählen.

Durch diese Gespräche, die sie tagelang jeweils über viele Stunden fortsetzten, wurden sie miteinander noch vertrauter, als sie es durch ihre lange Bekanntschaft ohnehin schon waren. Sie lernten die Lebenseinstellung des anderen bis ins Kleinste kennen und warben gleichzeitig umeinander. Und als es schließlich zu Intimitäten kam, da hatten sich ihre Seelen bereits vor ihren Körpern vereinigt. Nie hatten andere Partner sie so zärtlich berührt, hatten es auch nicht vermocht, weil sie sich beide erst nach fünf Lebensjahrzehnten (und nachdem fast alles stimmig war), fallen lassen und in das Wagnis der gegenseitigen Liebe voll eintreten konnten.

In ihrer tiefen Liebe, die von Anfang an keine blinde bloße Verliebtheit war, sahen sie ihre jeweiligen Stärken *und* Schwächen und konnten auch Letztere akzeptieren, ohne vom anderen Veränderung oder gar Anpassung zu verlangen. Sie waren beide autonome Menschen, die sich in Liebe und gegenseitiger Achtung der individuellen Eigenheiten begegneten und bereicherten. Sie fühlten sich überglücklich, schließlich einander doch gefunden zu haben und dass die bisherige innere Einsamkeit endete.

In ihrem Glück bekam die Welt und das Leben neuen Glanz und Intensität. Das Besondere aber war, dass ihr Glück auf ihre Umgebung ausstrahlte: Sie wurden noch engagiertere Betriebsräte, die vielen Kollegen helfen konnten. In der Stärke ihrer Gemeinsamkeit erreichten sie unbestechlich und furchtlos manches, was andere sich nicht trauten. Da aber auch die Firmenleitung einsehen musste, dass ihr Wirken dem Betriebsfrieden diente (wenn auch nicht gerade dem Arbeitgeber), kam ihnen auch von dieser Seite ein gewisses Wohlwollen entgegen.

Ich möchte betonen, dass meine beiden Freunde sich auf keinem landläufigen spirituellen Pfad befinden. Ja, sie schüttelten den Kopf über meine meditativen Interessen und meinten, wie ein doch so vernünftiger Mensch wie ich »so etwas« ernst nehmen könne. Und erst als ich ihnen erklärte, dass sie mit ihrer Liebe den Weg des indischen Tantra* für sich entdeckt hatten, horchten sie auf.

»Hat Tantra nicht etwas mit Sex-Techniken zu tun?«, fragte er. Ich erläuterte, dass Tantra spirituelle Übungssysteme sind, bei denen es darauf ankommt, eine vertiefte und ganzheitliche Beziehung zu sich selbst, in der Partnerschaft, zu den Mitmenschen und zum gesamten Kosmos zu gewinnen.

Im Rahmen einer Partnerschaft werden im Tantra vier Stufen der Begegnung dargestellt: Die erste Stufe (Karmamudrā, das »Siegel der Handlung«) beginnt mit Bewunderung, Verliebtheit und Begehren, die zu einem Werben und Sich-vertraut-Machen führt. Der nächste Schritt (Jñanamudrā, das »Siegel des Wissens und Erkennens«) führt dazu, dass man die Geliebte oder den Geliebten im tiefsten Wesen als einmalige, individuelle, kostbare, einzigartige Erscheinungsform erkennt, in der sich das Universum seiner selbst unverwechselbar bewusst wird. Nur ein Liebender hat die Fähigkeit, so die Wirklichkeit in ihrer Tiefe zu sehen und sich daran zu erfreuen! Und im Auge des oder der Geliebten wird dem oder der Liebenden gespiegelt, dass auch er oder sie ein ähnlicher Kristallisationspunkt des Alls ist. Und so gewinnen beide im Laufe dieser Begegnung zutiefst an Würde und werden sich immer mehr der Kostbarkeit, Schönheit und Einmaligkeit des eigenen Lebens bewusst, jenseits aller vielleicht vorhandenen Minderwertigkeitsgefühle.

Wenn nun die Liebenden sich immer näher kommen (sei es mit oder ohne sexuelle Begegnung), so schwinden zumindest für ein paar Augenblicke die Ich-Grenzen in der geistigen und körperlichen Vereinigung. Alles Wünschen, Wollen, Begehren und Denken endet hier, in einem zeitlosen Moment höchsten Glücks. Dies ist die dritte Stufe einer tantrisch geprägten Partnerbeziehung: Mahāsukha (bzw. Mahāmudrā), das »Siegel des großen Glücks« (bzw. das »Große Siegel«). Und in solchen Augenblicken kann vielleicht die hintergründige Natur allen Seins und allen Geschehens aufleuchten. Eine solche Erfahrung gehört zu einem der tiefsten Meditationserlebnisse.

Doch auch dort bleibt das Tantra nicht stehen: Der Weg führt nun aus der Zweiheit und dem stillen tiefen Glück gemeinsam zurück in die Welt, aus Dankbarkeit für das Glück, das Leben und die Liebe. Das Übermaß der Liebe quillt nun gleichsam über beide hinaus. Dies ist die Stufe des »Siegels des Großen Gelöbnisses« (Mahāsamaya-mudrā), der Hinwendung zur Welt. Dieses »große Gelöbnis« hat der buddhistische Mönch und Dichter Śantideva* in einen inspirierenden Vers gekleidet, der auch zu einem der Hauptgebete des Dalai Lama gehört (wobei Liebende das Wort »ich« vielleicht durch ein »wir« ersetzen könnten):

»Solange das Weltall besteht
und solange es fühlende Wesen gibt,
so lange möge auch ich bestehen,
um die Leiden der Welt zu zerstreuen.«

»Was du uns über Tantra gesagt hast, ist schön und so ganz anders, als wir bisher darüber oberflächlich gedacht haben. Und wir kennen vielleicht eine Andeutung von dem, was die vier Stufen der Tantra-Beziehung wohl meinen. Aber wir sind keine spirituellen Menschen«, sagten meine Freunde.

»Doch, ihr seid zutiefst spirituell«, entgegnete ich, »denn ihr habt das verwirklicht, was ein Mann wie Seine Heiligkeit der Dalai Lama für wichtiger ansieht als eine formelle spirituelle Praxis nach irgend einer religiösen Tradition, nämlich Liebe und Mitgefühl.«

Meditationsvorschlag

Wir alle haben in unserem Leben mit Enttäuschungen, Verletzungen und Kränkungen in der Liebe zu kämpfen, beginnend mit der Art von Liebe, die wir von unseren Eltern erfuhren und wie wir sie im späteren Leben beglückend erlebt, aber auch schmerzlich erlitten haben.

Erinnere dich in stillen Stunden der Meditation an das Glück und auch an die Verletzungen. Nimm dir hierfür viel Zeit, lasse die Gefühle zwar in ihrer ganzen Stärke auferstehen, betrachte sie, lasse dich aber nicht völlig hineinziehen, indem du den Standpunkt eines Beobachters beibehältst. Lasse dich davon berühren und bleibe dennoch verwurzelt in deinem tiefsten Grund. Nimm das Aufsteigen alter Gefühle mit ruhevoller Anteilnahme wahr, akzeptiere es und betrachte es als Teil deines bisherigen Lebens. Werde dir nun bewusst, wie alte Verletzungen dich »vorsichtig« gemacht haben, sodass du der Liebe nicht mehr traust. Lerne wieder, an die Liebe und ihre Kraft zu glauben. Behalte zwar deine Vorsicht (aber nicht dein Misstrauen) aus den Erfahrungen der Vergangenheit, aber stelle dich deiner jetzigen Lebenssituation und Beziehung in offener Weise – und du wirst erleben, wie deine Partnerschaft freier wird von den »Schlacken« der Vergangenheit.

Bleiben aber noch Kränkungen aus deiner gegenwärtigen Partnerschaft zurück, so sprich öfter nach deiner Meditation mit deinem Partner darüber. Hole dir dafür eventuell auch professionelle psychologische Hilfe. Versuche aber nicht, alles und jedes sofort zu zerreden und dich und dein Gegenüber damit zu nerven. Manchmal braucht es auch Zeit und die richtige Gelegenheit, um ein Problem oder eine Kränkung ansprechen zu können. Wenn aber dein Partner oder deine Partnerin darauf auf Dauer überhaupt nicht eingehen kann, dann stellt sich die Frage, ob deine Partnerschaft aufrechterhalten werden kann und soll.

Zweiter Meditationsvorschlag

Es gibt eine Form der Liebe, die ein Offen-Sein gegenüber allem Leben beinhaltet und nichts Bestimmtes vom Gegenüber erwartet. Sie fließt aus dem Gefühl der Solidarität und dem Verbunden-Sein mit der ganzen Welt. Diese Art der Liebe zur Welt entspricht zum Beispiel den buddhistischen Traditionen. Bei denen, die an einen persönlichen Schöpfergott glauben, hat sie ihren Ursprung in der Liebe zu Gott. Da nach dieser Auffassung die Schöpfung aus Gott und Seiner Liebe entstanden ist, schließt die Hinwendung zu Gott auch die Zuwendung zur Welt mit ein, wie unvollkommen uns auch manches darin erscheinen mag. Diese Liebe muss und kann im Alltag in der Begegnung mit anderen geübt und verwirklicht werden.

Auch wenn dir Menschen begegnen, die dir als böse, ungerecht, grausam, verschlagen und egoistisch erscheinen, so ist es hilfreich zu begreifen, dass in ihnen – wie auch in dir – ein göttlicher Kern, eine »Buddhanatur« enthalten ist. Achte daher die Würde auch des »bösen« Menschen! Das enthebt dich aber nicht deiner Verpflichtung, im Alltag mit aller dir zur Verfügung stehenden Kraft gegen Unrecht zu kämpfen. Diese Doppelbödigkeit des Seins ist in ergreifend dramatischer Weise in der Bhagavad Gītā* – einem der heiligen Bücher der Hindus – dargestellt worden.

Ein leuchtendes Beispiel und Vorbild für diese Form der Liebe bietet der Dalai Lama, der in gewaltfreier Weise um die Integrität der tibetischen Kultur und Religion kämpft und dennoch – trotz der brutalen Gewalt, die seinen Landsleuten angetan worden ist – Mitempfinden, Liebe und auch Respekt für das chinesische Volk aufbringt.

Wenn du nicht nur im Alltag, sondern auch in der Stille ein solches Grenzen sprengendes Gefühl entwickeln willst, so kannst du die Flamme der universellen Liebe (in Anlehnung an eine buddhistische spirituelle Tradition) in dir mit der folgenden Übung entfachen:

Setze dich aufrecht aber entspannt hin (auf dem Stuhl oder auf dem Boden im Schneidersitz). Werde dir deines Atems bewusst, beobachte, wie er kommt und geht, ohne ihn zu beeinflussen. Verweile einige Minuten in diesem Gefühl der Beruhigung und Ruhe, während du deinen Atem spürst. Nun sage dir innerlich – und versuche vor allem dies auch zu fühlen: »Möge ich glücklich sein, glücklich und frei. Möge ich lernen, mich anzunehmen, so wie ich bin. Auch wenn ich manches an mir verändern möchte, so werde ich Liebe, Sanftmut Geduld, Wahrhaftigkeit und Entschlossenheit mir und anderen gegenüber entwickeln.« Verweile in diesem Wunsch und Gefühl, wiederhole die Worte innerlich. Versuche, auch so zu empfinden. Verzeihe dir selbst, was immer du »falsch« gemacht haben solltest! (Und falls dir das nicht gleich gelingt, verzeihe dir auch dies.)

Wähle dann aus deinem Freundeskreis einen Menschen aus, der dir nahe steht oder den du liebst. Stelle dir diesen Menschen möglichst lebhaft vor und denke und fühle: »Möge auch dieser Mensch glücklich sein, glücklich und frei. Und möge ich frei werden, Erwartungen an diesen Menschen zu richten, die sie/er nicht erfüllen mag oder kann. Möge sie/er glücklich sein.«

Stelle dir nunmehr einen Menschen vor, der dir (bisher) gleichgültig war, und entwickle die gleichen Gefühle auch ihm gegenüber.

Danach aber kommt eine schwere Aufgabe (genauso schwer, wie es manchmal ist, sich mit all den eigenen Unvollkommenheiten selbst zu lieben): Stelle dir einen Menschen vor, der dir unsympathisch ist, den du vielleicht aus »gutem« Grund hasst (vor allem wenn er dir und anderen Unrecht und Leid zugefügt haben sollte). Versuche nun zu denken und zu fühlen: »Trotz allem, was mir und anderen von diesem Menschen angetan worden ist, auch in ihm ist ein göttlicher Kern, eine Buddhanatur verborgen. Möge sich diese im Laufe der Zeit entwickeln und zum Durchbruch kommen! Möge er seine Fehler allmählich überwinden, wie auch ich dies versuchen werde. Ich will mich bemühen, gegen das von diesem Menschen ausgehende Unheil zu kämpfen. Wo immer möglich, gewaltfrei. Ich will versuchen, unserer beider Würde dabei zu wahren.« Mache dir nicht vor, dass es leicht sei, deine Feinde zu lieben! Nicht umsonst spricht der Dalai Lama davon, dass unsere Feinde die größte spirituelle Herausforderung und Entwicklungsmöglichkeit für uns selbst darstellen.

Obwohl deine Bemühungen um universelle Liebe bis hierher unvollkommen bleiben mussten (sonst wärst du ja ein Heiliger, ein Buddha oder ein Heuchler, der sich selbst und anderen etwas vormacht), gehe nun noch weiter:

»Mögen auch alle Wesen, die sich in der unendlichen Weite des Alls vor mir, hinter mir, rechts und links, über und unter mir befinden – mögen sie alle glücklich sein!«

Versuche, das Gefühl der Liebe allem Leben gegenüber nach allen Richtungen gleichzeitig auszustrahlen. Kehre dann aus dem Grenzen sprengenden Gefühl zu dir selbst zurück, bewahre aber etwas von der inneren Weite. Erlebe dich als Mensch, der hier und jetzt sitzt, denkt, fühlt und atmet; ein Mensch unter vielen Menschen, ein Wesen unter jenen zahllosen Wesen, die auf dem Weg zu innerer Freiheit sind.

Öffne dann die Augen und verneige dich aus Ehrfurcht vor dem Leben in dir und außerhalb von dir. Stehe auf mit dem Wunsch, den Tag mit Liebe und Achtung gegenüber allem Leben zu gestalten und abzuschließen.

Genügsamkeit

Die Zimmerpalme

Vor drei Tagen hatte sie noch geglaubt, relativ vermögend zu sein, denn sie hatte mit ihrem Mann in einer Villa am Rande von Stuttgart in Halbhöhenlage gewohnt, und er hatte gerade einen neuen Mercedes gekauft. Aber sie hatte beschlossen, ihren Mann, einen jähzornigen Alkoholiker, der keine Einsichtsfähigkeit bezüglich seiner Sucht entwickelte, endlich zu verlassen. Daraufhin hatte ihr der Rechtsanwalt des Ehemanns mitgeteilt, dass sie wegen eines Ehevertrages keinerlei finanzielle Forderungen stellen könne.

Dennoch trennte sie sich von ihm und zog in eine Zweizimmerwohnung. Ihr Besitz bestand aus einem Bett, zwei Stühlen, einem Tisch, etwas Geschirr, Kleidern und einer Bücherkiste. Ihre Freundin hatte ihr eine Zimmerpalme zum Einzug geschenkt. Da saß sie nun, auf dem harten Stuhl, unter nackter Glühbirne, und neben ihr die Zimmerpalme.

Trauer und Bitterkeit überkamen sie bei den Gedanken über das Scheitern ihrer Ehe – jetzt, da sie allein war und ohne jegliche Ablenkung, denn sie hatte nicht einmal ein Radio mitgenommen. Zwar hatte sie einen Beruf und einige Freunde, aber keinerlei materielle Güter. Sie war nicht viel besser gestellt als eine Sozialhilfe-Empfängerin. Und dies, obwohl sie jahrelang ihrem schwierigen Mann zur Seite gestanden und immer versucht hatte, ihn nach seinen Trinkexzessen zu decken, um so seinen sozialen Abstieg zu verhindern. Rachegedanken erfüllten sie: »Sollte er doch jetzt untergehen, am Alkohol sterben und zuvor seinen Reichtum verlieren, in der Gosse landen …« Sie erschrak wegen der Heftigkeit ihres Hasses, hatte sie doch diesen Mann vor Jahren sehr geliebt!

Trotz ihres Unbehagens wollte sie aber nicht zu Freunden gehen, sondern sich ihren Gefühlen und ihrer Lebenssituation stellen. Da sie aber immer eine vielbeschäftigte Frau gewesen war, konnte sie nicht in Ruhe auf dem Stuhl sitzen bleiben. Deshalb stand sie auf und begann, ihre Bücherkiste auszupacken – das Einzige, was sie jetzt tun konnte. Ob vielleicht ihre Bücher eine Antwort wussten auf ihr beunruhigendes, unbehagliches und trauriges Gefühl? Sie suchte im Stapel und entdeckte ein Buch mit einigen Reden des Buddha, das sie vor einiger Zeit gekauft, aber noch nicht geöffnet hatte. Was hätte der Buddha wohl zu ihrer Situation gemeint? Sie schlug das Buch auf, und ihr Blick fiel mitten auf die erste berühmt gewordene Rede, die der Buddha nach seiner Erleuchtung gehalten haben soll. Sie las, und was ihr nun ins Auge sprang, ließ ihr den Atem stocken:

> »Dies ist die edle Wahrheit von der Aufhebung des Leidens: Es ist die Aufhebung des ›Durstes‹ (dem Drang etwas zu werden, etwas zu haben, etwas bei sich oder anderen zu vernichten) durch Begierdelosigkeit, das Aufgeben, Ablehnen und Nicht-Anhaften …«

Blitzartig erlangte sie in diesem Moment unter der Zimmerpalme eine Einsicht, die nicht intellektuell, sondern zutiefst emotional war und sie bis in die Grundfesten erschütterte: Sie war ja nun frei vom Joch einer menschlich äußerst schwierigen Situation. War es da wichtig, dass sie kaum noch etwas besaß? Sie würde nicht verhungern. Auch der Buddha hatte als Prinz seinen ganzen äußeren Reichtum aufgegeben.

Bei dieser Erkenntnis überkam sie ein tiefer Frieden. Aber es war kein Frieden einer absoluten Ruhe, denn es verblieben noch der Schmerz und die Trauer über ihren Verlust. Und für ihren suchtkranken Mann empfand sie nun Mitleid, auch wenn sie wusste, dass es nicht mehr ihre Aufgabe war, ihn zu »retten«. Aber sie wusste, sie würde es schließlich schaffen, das »Anhaften« aufzugeben und sich ihrer neuen Lebenswirklichkeit zu stellen.

Mir bleibt noch nachzutragen, dass sie Jahre später in einer neuen und emotional erfüllten Partnerschaft lebte, bescheidenen Wohlstand aufbauen konnte und sich einer buddhistischen Meditationsgruppe anschloss.

In einer bekannten indo-tibetischen Anrufung des »inneren Lichtes« (Vajrasattva*-Dhāraṇī*) heißt es unter anderem: »Lass mich zufrieden sein und nur geringe Wünsche haben.« Wie anders sind diese Worte als die Gebete, bei denen man erfleht, etwas zu bekommen!

Meditationsvorschlag

Überlege – und vor allem fühle nach –, an was du übermäßig hängst und ob du dies alles wirklich brauchst. Könntest du notfalls auch darauf verzichten? In den asiatischen Traditionen ist es für die spirituelle Entwicklung nicht so wichtig, was du hast, sondern ob du auch ohne das auskommen könntest. Nicht der Gebrauch von etwas, sondern das Anhaften daran macht uns unfrei.

Der Arbeitslose

Er war 56 Jahre alt und ein guter und fleißiger Facharbeiter in der Metallbranche – so gut und fleißig, wie man dies von einem rechtschaffenen Schwaben schon fast sprichwörtlich erwartet. Er war von seinen Eltern zu Fleiß, Sparsamkeit, Ordnung und Pünktlichkeit erzogen worden und hatte schon früh gelernt, dass »Arbeit den Menschen adelt«. Er war nicht arm, das Häuschen war fast abgezahlt, und seine beiden Kinder waren dabei, ihr Maschinenbau- bzw. Pädagogikstudium abzuschließen. Seine Frau arbeitete halbtags und versorgte den Haushalt.

In diese wohlgeordnete Idylle platzte eines Tages die Nachricht, dass seine Firma auch von der Wirtschaftsflaute betroffen sei und 20 Prozent der Arbeitsplätze abbauen müsse. Ihn beunruhigte dies zunächst nicht sonderlich, sah er sich doch als ein wichtiges Mitglied des Arbeitsteams. Doch dann wurde bekannt, dass Arbeitnehmer über 56 Jahre mit einer Abfindung die Firma verlassen konnten. Er nahm dieses Angebot nicht an, was sollte er denn ohne Arbeit machen?

Viele verließen die Firma, doch es sollten noch weitere Arbeiter gehen. Und so wurde er sechs Monate später eindringlich aufgefordert, seinen Hut zu nehmen. Wegen seines Kündigungsschutzes war eine sofortige Entlassung durch den Arbeitgeber nicht möglich. Aber es wurde ungemütlich für ihn: Er erhielt eine schlechtere und schmutzigere Arbeit, und die jungen Kollegen, die um ihre Arbeitsplätze bangten, schimpften, dass er egoistisch sei, und fragten ihn, wann er endlich gehe. »Wir haben kleine Kinder, und du nimmst uns unseren Arbeitsplatz vielleicht weg!«, bekam er zu hören.

Seine anerzogenen Wertevorstellungen kamen ins Wanken, und er geriet in eine tiefe Depression, sodass er sich einer Psychotherapie unterziehen musste. Aber auch hier sah er nur mit seinem Verstand ein, dass es auch andere Lebensziele als die Arbeit gibt. So nahm er schließlich nur notgedrungen seine Abfindung, die ihm zumindest die Ablösung seiner Hypothek ermöglichte. Mühsam und langsam entwickelte er andere Lebensvorstellungen, und erst nach zwei weiteren Jahren konnte er es wirklich genießen, lange Wanderungen zu unternehmen. Was er dann aber von seinen Erlebnissen mit und in der Natur berichtete, waren zutiefst mystisch geprägte Berichte der Achtung und Ehrfurcht vor der Schöpfung. Aus diesen Erzählungen sprach beginnende Weisheit. Als wir darüber redeten, wurde mir bald klar, warum er nun endlich eine fast spirituelle Seite entwickeln konnte: Er hatte beinahe das 60. Lebensjahr erreicht, ein Alter, in dem er es sich nach seinen immer noch bestehenden Wertmaßstäben gestatten durfte, in Rente zu gehen. Und er konnte es nun verwinden, weniger Geld auf seinem Konto zu haben, als er es sich ursprünglich ausgerechnet hatte.

Meditationsvorschlag

Komme innerlich zur Ruhe – sei es durch Betrachten einer Landschaft, einer Kerzenflamme oder durch die Wahrnehmung des Atems. Aus dieser Ruhe heraus frage dich, ob Arbeit, Geldvermehrung oder andere materielle Dinge für dich von übermäßiger Wichtigkeit sind.

Wer bist du noch, wenn all dies nicht wäre? Könnte dein Leben dennoch sinnvoll sein? Was sind deine Lebensziele? Was gibt deinem Leben Sinn, Schönheit und Erfüllung?

Tod – Leben – Wiedergeburt

Tod und Leben

Franz war glücklich: Er wurde 60, konnte als Krankenpfleger in Frührente gehen und erfreute sich bester Gesundheit. Und auch seine Lebenspartnerin Gerda, ebenfalls Krankenschwester, würde nächstes Jahr den sogenannten Ruhestand antreten. Doch ausruhen wollten sie dann keinesfalls. Auf mehreren Urlaubsreisen hatten sie die Schönheit Kenias entdeckt, waren begeistert gewesen – und hatten die Not und die Armut der Bevölkerung dieses afrikanischen Landes kennengelernt, von der sie zutiefst erschüttert waren. Sie hatten beschlossen, nach ihrer Pensionierung für eine christliche Wohlfahrtsorganisation, die nur ein kleines Anerkennungshonorar zahlte, für einige Jahre als Krankenpfleger in einem abgelegenen Dorf Kenias zu arbeiten.

Gerda hatte anlässlich dieses gemeinsamen Entschlusses zu ihm gesagt: »Es ist toll, dass wir darin übereinstimmen, als ›junge Alte‹ noch einmal etwas wirklich Sinnvolles für andere zu machen. Ich bin froh, dass ich nach der Pensionierung nicht einen schon morgens Bier trinkenden und allenfalls Rosen züchtenden Mann zu Hause habe. Als wir uns vor fünf Jahren kennengelernt haben und die erste gemeinsame Reise nach Kenia unternahmen, hast du geweint angesichts der an Hunger leidenden Kinder im

Busch. Und da wusste ich: Wenn dieser Krankenpfleger Franz, der in seinen Dienstjahren schon so viel Leid gesehen hat, angesichts der hungernden Kinder noch weinen kann, dann ist er der richtige Mann für den Rest meines Lebens. Machos, die ihre Gefühle nicht zeigen können, habe ich schon gehabt und kann ich nicht mehr ertragen.«

Franz saß Tage später im Sprechzimmer seines Hausarztes. In der vergangenen Woche hatte er eine schwere Grippe gehabt, der Hausarzt hatte Blut abgenommen. Er fühlte sich schon viel besser und kam zum Kontrolltermin. Ernst blickte der alte Hausarzt. So hatte Franz ihn noch nie gesehen. »Es tut mir furchtbar leid«, hörte er ihn sagen. »Sie haben Leukämie, die schlimme Form. Ich habe zwei Mal mit unserem Labor gesprochen. Sie wissen, was das bedeutet.« Franz erschrak bis ins Mark. Oh ja, er wusste, was das bedeutet: Chemotherapie, ein eingeschränktes Leben für zwei bis drei Jahre (bestenfalls) bis zum Tod, eine geringe Chance zu überleben durch eine Knochenmarksspende, falls überhaupt ein Spender gefunden werden konnte.

»Ich schicke Sie in die Universitätsklinik. Die werden dort alles Weitere veranlassen. Einen Termin habe ich schon für die nächste Woche für Sie bekommen. Und jetzt, am Wochenende, können sie ja alles mit ihrer Lebensgefährtin besprechen. Sie ist ja auch Krankenschwester und versteht, worum es geht.«

Wie benommen verließ er das Sprechzimmer. Er würde Gerda wohl zunächst nichts sagen und erst noch die Besprechung in der Universitätsklinik abwarten. Aber Gerda merkte natürlich sofort, dass etwas nicht mit ihm stimmte, denn dem Auge der Liebe bleibt nichts verborgen. Er erzählte ihr alles, und sie trugen und ertrugen gemeinsam die entsetzliche Wahrheit. Sie beschlossen, drei Tage in die Berge, nach Oberstdorf, zu fahren, bis zum Termin in der Klinik.

Diese drei Tage wurden zu den intensivsten ihres Lebens. Franz ging es erstaunlich gut. Sie waren noch inniger verbunden als zuvor, und es war, als wenn das Wetter und die Schönheit des Nebelhorns sie ein wenig für das künftige grausame Schicksal entschädigen wollten. Es war eine kurze, wunderbare Zeit, gerade wohl auch im Bewusstsein der Endlichkeit des Lebens. Aber als sie zu Hause ankamen und Gerda zum Dienst musste, saß er allein im Wohnzimmer und dachte über sein vergangenes Leben nach.

Schwer und schön zugleich war sein Leben gewesen: Eine Kindheit, in der er im Schatten eines sadistischen und tyrannischen Vaters gestanden hatte, ein anstrengender, aber ihn mit Befriedigung erfüllender Beruf, intensive menschliche Begegnungen, aber auch eine Scheidung und die Entfremdung von seinen nunmehr erwachsenen Kindern. Wie wunderbar, dass er Gerda noch kennengelernt hatte! Bis in die Grundfesten seines Seins erfüllte ihn Wehmut, dass dies nun bald alles vorbei sein würde. Aber dann ergriff ihn zugleich (merkwürdig wie das geht!) auch eine tiefe Dankbarkeit, dass er dies alles hatte erleben dürfen.

In die Stille und sein Nach-Fühlen hinein klingelte das Telefon: der Hausarzt. »Es tut mir leid«, hörte er ihn sagen. Verwunderung und auch Ärger machten sich bei Franz breit: Schon wieder die gleiche Floskel! »Das Labor hat sich geirrt«, fuhr der Arzt fort. »Sie haben dort die Blutprobe verwechselt. Das sei im 30-jährigen Bestehen des Labors das erste Mal vorgekommen, angeblich eine Praktikantin.«

Wortlos und behutsam legte Franz den Hörer auf die Gabel. Er konnte nichts sagen. War es Wut, Erleichterung oder beides, was ihm die Kehle zuschnürte? Und doch: Hatten diese Tage ihm und Gerda nicht auch die Bedeutung und Schönheit jeder Sekunde im Leben vor Augen geführt? Er erinnerte sich, vor einiger Zeit einen Ausspruch der Filmemacherin Doris Dörrie gelesen zu haben, dem die Erfahrung mit dem Tod ihres Mannes und die Beschäftigung mit buddhistischer Meditation zugrunde lag: »Wir sollten aufhören, Angst vor dem Tod zu haben. Nur wer dem Tod ins Auge blickt, kann mit voller Lebenslust leben.«

Nun verstand er, was sie damit meinte. Das Leben breitete sich vor ihm aus mit einer Fülle an Möglichkeiten. Gerda war für ihn da und er für sie. Und: Kenia und seine Kinder warteten auf ihn.

Es ist von entscheidender Bedeutung für unser Glück, dass wir in der Lage sind, unserem Leben einen übergeordneten Sinn zu geben, so wie Franz in unserer Geschichte. Wir müssen uns mit der Endlichkeit unseres kurzen Lebens auseinandersetzen, selbst wenn wir an die Möglichkeit eines Weiterlebens nach dem Tod oder eine Wiedergeburt glauben. Denn erst das Bewusstsein der Begrenztheit dieses Lebens macht uns die ungeheure Kostbarkeit jedes Augenblicks erlebbar und führt zu einer Intensivierung unseres Lebensgefühls.

Nach buddhistischer Auffassung ist eine der drei Merkmale unserer Existenz die Vergänglichkeit (Anitya). Aber anstatt diese Tatsache zu beklagen und uns verzweifelt gegen den Strom der Zeit zu stellen, können wir auch die darin verborgenen Chancen erblicken: Nur weil alle Dinge und alles Geschehen dem Wandel unterliegen, besteht die Möglichkeit, dass wir uns selbst und die Welt um uns herum verändern können. Und ist die lebendige, aber verblühende Blume nicht viel schöner als die verstaubte Trockenblume auf dem Kaminsims?

Meditationsvorschlag

Was könnte ein Sinn in deinem Leben sein? Was glaubst du, hat das Leben mit dir vor, und kannst du es begreifen, mit deinen Möglichkeiten, deinen Begabungen und Schwächen? Hat sich der Sinn deines Lebens gewandelt im Laufe der Zeit? Gilt das noch, was in einem anderen Lebensabschnitt richtig war?

Zweiter Meditationsvorschlag

Mache dir täglich oder wöchentlich einmal klar, dass wieder eine neue Woche (oder ein Tag) deines restlichen Lebens begonnen hat. Nimm dir vor, die Woche (den Tag) mit Liebe und Aufmerksamkeit gegenüber dir selbst und anderen zu begehen, dich darum zu bemühen, dich und andere nicht zu verletzen, zu betrügen und auszubeuten oder zu missbrauchen sowie ein möglichst klares, verzeihendes und Übersicht bewahrendes Bewusstsein zu entwickeln. Werde dir auch im Alltag immer wieder

der Einmaligkeit und Kostbarkeit jedes Augenblicks bewusst, was immer auch der Augenblick an Eindrücken, Erfahrungen und Reaktionen bringen oder erfordern mag.

Stelle dich den Schönheiten, den Abgründen und den Erfordernissen deines Lebens. Weiche ihnen nicht aus, flüchte nicht aus Angst in eine »Kultur meditativer Stille«, die das Leben vermeidet. Lasse dich aber auch nicht von den Stürmen des Lebens davontragen. Bewahre deine Mitte, indem du begreifst, dass alles, was dir begegnet, zu deinem Leben gehört – auch wenn keineswegs alles »schön« oder »gut« ist, wie manche Vertreter esoterischer Traditionen behaupten. Doch der hintergründige Sinn mancher (auch schwerer) Ereignisse in unserem Leben erschließt sich erst zu einer späteren Zeit.

Wiedergeburt

Eine Frau, etwa Mitte 30, von herber Schönheit betrat mein psychotherapeutisches Sprechzimmer. Hinter ihr ging eine gramgebeugte ältere Frau. Die jüngere Frau stellte sich mir vor als ehrenamtliche Mitarbeiterin in einer Organisation, die sich um Frauen bemühte, die Opfer von Gewalttaten geworden waren. Ihre Visitenkarte machte deutlich, dass sie dem mittleren Management einer großen Firma angehörte. Sie berichtete, dass die Frau, die sie begleitete, erst vor wenigen Wochen in ihrer Heimat Bosnien Opfer einer Mehrfachvergewaltigung geworden war. Schon bald wurde klar, dass die Misshandelte besser von einer Kollegin, die Serbokroatisch sprach, behandelt werden sollte. Den entsprechenden Kontakt konnte ich in einem kurzen Telefonat herstellen.

Nun aber erwachte mein Interesse an dem Motiv der offensichtlich beruflich sehr engagierten Managerin, sich zusätzlich zu ihrer Arbeit noch ehrenamtlich zu betätigen. Auf meine diesbezügliche Frage zögerte sie zunächst, begann dann aber zu erzählen:

»Ich weiß, es wird für sie verrückt klingen. Aber vor zwei Jahren ist mir etwas passiert, was mein Leben völlig verändert hat und mir klar machte, ich *muss* diese ehrenamtliche Tätigkeit machen: Ich befand mich auf einer Autobahn in Südfrankreich und wollte nach Spanien in den Urlaub fahren. Viele Stunden war ich schon unterwegs. Es war Nacht. Da bemerkte ich, dass ich entgegen meiner sonstigen rasanten Fahrweise schon längere Zeit einem Lastwagen hinterherfuhr. Zuerst dachte ich, dies sei die

Folge meiner Übermüdung, doch dann wurde ich aufmerksam auf den Namen einer französischen Spedition, die in großen Lettern auf dem Lkw stand. Ich überlegte, woher ich diesen Namen kannte, doch es fiel mir niemand mit diesem Namen ein. Aber der Name faszinierte mich. Wie gebannt musste ich auf die Buchstaben schauen. Und als der Lastwagen schließlich die Autobahn in Richtung eines Parkplatzes verließ, fuhr auch ich hinterher, um mich ein wenig auszuruhen. Ich schloss die Augen, entspannte mich – und plötzlich durchzuckte mich ein Gedanke mit ungeheurer Klarheit und Wucht: Das war ja *mein* Name im vergangenen Leben gewesen!

Ich bin ein rationaler Mensch, an die Möglichkeit einer Wiedergeburt habe ich – im Gegensatz zu meiner verstorbenen Großmutter – nie geglaubt. Ich wehrte mich gegen die an sich so klare Gewissheit, die ich empfunden hatte, und fuhr weiter in Richtung Spanien. Aber dort überkam mich eine solche Unruhe, dass ich nach zwei Tagen beschloss, an jenen Ort in Frankreich zu fahren, dessen Name auf dem Schild der Spedition gestanden hatte. Schnell hatte ich die Adresse dort gefunden. Ein modernes Bürogebäude, dahinter aber eine alte Scheune, die mir merkwürdig bekannt vorkam. Unter dem Vorwand, mich nach den Preisen für einen eventuellen Umzug nach Südfrankreich zu erkundigen, sprach ich die junge Büroangestellte an. Diese gab mir bereitwillig und langatmig Auskunft, während ich enttäuscht das Gefühl hatte, hier fremd zu sein (es war ja auch ein neues Gebäude). Aber ich hatte den Eindruck, angestarrt zu werden. Und als ich mich seitwärts umschaute, sah ich einen alten Mann in der Ecke sitzen, den ich zuvor nicht bemerkt hatte. ›Verzeihen Sie, Madame‹, sagte er. ›Ich muss Sie anschauen, denn Sie sehen unserer Claudine unheimlich ähnlich, nur sind Sie älter. Warten Sie bitte, ich hole Bilder von ihr …‹ Ich wartete verwirrt. Warum wollte mir der alte Mann Bilder von Claudine zeigen, und wer war sie überhaupt? Und doch: Der Vorname kam mir wiederum merkwürdig bekannt vor, und so beschwichtigte ich meine Unruhe, indem ich mir sagte, dass dies ein ziemlich häufig vorkommender französischer Vorname sei.

Nach einiger Zeit kam der alte Mann mit den Fotos zurück, und als ich diese sah, musste ich zittern: Bis auf Frisur und Kleidung hatte ich als junge Frau genau so ausgesehen. Ich zeigte ihm das Passfoto auf meinem Führerschein. Ich war damals 20 Jahre alt gewesen. ›Kann ich meine Doppelgängerin kennenlernen?‹, fragte ich. Traurig schüttelte der Alte den Kopf: ›Nein, leider nein. Sie war meine Nichte und wurde vor 34 Jahren ermordet, offensichtlich nach einer Vergewaltigung. Der Mord wurde nie aufgeklärt. Mein Bruder ist hat dies nie verwinden können, er ist vor einigen Jahren gestorben.‹

Hastig verabschiedete ich mich. Ich hatte nicht das Recht, in dieser Familie die alten Wunden wieder aufbrechen zu lassen mit meiner Gewissheit, dass ich Claudine gewesen war. Ich nahm Quartier für einige Tage in dem Ort. Hatte ich vielleicht die Hoffnung, den Mord noch aufzuklären, späte Rache zu nehmen? Doch, wie ich mich auch bemühte, die gnädigen Schleier absoluten Vergessens hatten sich für mich über das schreckliche Geschehen gelegt. Aber nun verstand ich, warum ich Schwierigkeiten mit männlichen Partnern in diesem Leben hatte. Stets hatte ich mir unterlegene Partner gesucht, immer waren die Beziehungen nach kurzer Zeit gescheitert. Ich habe nun für dieses Leben die Konsequenz gezogen: Beruflich werde ich es den Männern zeigen. Auch lebe ich jetzt glücklich mit einer Frau zusammen. Und: Ich will Frauen helfen, die Opfer von Gewalttaten geworden sind. Ihr Männer seid doch alle mehr oder weniger gleich …«

Sie stockte und sagte dann versöhnlich (oder mit einem Anflug von Flirten): »Na ja, sie sind eigentlich ganz nett, trotzdem. Aber sie haben ja auch gelernt, sich als Psychiater Geschichten professionell freundlich anzuhören, die sie selbst nicht glauben können.«

Ganz gern hätte ich ihr gesagt, dass ich ihre Geschichte als Buddhist nicht so unwahrscheinlich finde. Aber unsere therapeutische Abstinenzregel legt Psychotherapeuten mit gutem Grund auf, solche persönliche Äußerungen weitgehend zu unterlassen. Aber auch ohne eine solche Ermunterung, ihren Gefühlen zu trauen, wusste sie genau, was sie erfahren hatte.

Meditationsvorschlag

Den wenigsten von uns ist es vergönnt, hinter die Zeit vor ihrer Geburt zu blicken. Und dies ist vielleicht auch gut so, denn wie könnten wir angesichts eventueller unzähliger, in ferne Vergangenheit reichender traumatischer Erfahrungen leben? Kleine Kinder können sich manchmal an Bruchstücke eines vergangenen Lebens erinnern (das ist der Grund, warum Tibeter ihre wiedergeborenen Lamas*, die Tulkus*, unter den Kindern suchen). Und nur in Ausnahmesituationen im Leben, zum Beispiel in Krisen oder bei Übermüdung, wie in unserer Geschichte, kann sich manchmal der Schleier lüften. Aber haben wir nicht alle hin und wieder das Gefühl, dass uns etwas begegnet, was wir schon einmal erlebt haben?

Ich halte nicht viel von forcierten sogenannten Rückführungen unter Entspannung oder Hypnose. Nur allzu häufig entstehen dabei Geschichten aus Wunschdenken oder den Ideen desjenigen, der eine solche Rückführung leitet. Doch wenn es uns schon im Allgemeinen nicht vergönnt ist, in vergangene Leben zu blicken, so ist doch ein meditativer Blick in unsere Vergangenheit in diesem Leben hilfreich, um freier zu werden und nicht in alten Gewohnheitsmustern stecken zu bleiben.

So könntest du dich zum Beispiel in einer meditativen Stimmung fragen, was dir immer wieder im Leben auf gleiche Weise passiert ist. Lasse Einfälle hierzu aufsteigen und betrachte sie mit liebender Anteilnahme (und verdamme sie nicht als »Fehler«, die du immer wieder in gleicher Art gemacht hast. Es hatte ja mit deinem Leben zu tun).

Dann frage dich – mit gleicher Ruhe –, ob es etwas in deiner Kindheit gab, das dich gelehrt hat, so zu reagieren. Erinnere dich auch in wohlwollender Anteilnahme daran, in welches Umfeld du hineingeboren wurdest und was das mit deinem heutigen Handeln zu tun haben könnte. Überlege, ob du weiter so reagieren möchtest wie bisher oder ob du daran etwas verändern möchtest. Solltest du den Wunsch nach Veränderung haben, so mache deinen Alltag zum Übungsfeld. Lasse die Flamme der warmherzigen Achtsamkeit in deinem täglichen Leben leuchten. Wenn du eine bestimmte Reaktionsweise nicht mehr gut findest, so verändere sie täglich. Aber gehe sanft dabei vor. Im Allgemeinen wirst du in wenigen Jahren (aber nicht Tagen!) damit Erfolg haben. Und wenn nicht: Es liegen vielleicht weitere Leben zum Üben vor dir!

Theorie und Praxis der Meditation

Wege zu innerer Stille

Nach den Lehren spiritueller Traditionen des Ostens kann man Meditation als systematischen geistigen Übungsweg verstehen, der unser Bewusstsein über das Alltagserleben hinaushebt. Es entsteht ein Zustand erweiterten intuitiven Bewusstseins, in dem wir ganzheitlich erleben und nicht nur entweder mit unserem Denken oder mit unserem Fühlen reagieren. Dabei sind die Kräfte der Intuition und des Schöpferischen in uns lebendig. Tiefere Erfahrungen der Meditation haben eine transformierende Wirkung auf das Alltagsleben, weil sie uns erlebbar machen, dass unser Leben nicht nur aus Arbeit, Erschöpfung, Zerstreuung, Langeweile und Sinnlosigkeit besteht, sondern dass es etwas gibt, das hintergründig unser Leben trägt und ihm Halt sowie tieferen Sinn gibt.

Wir im Westen haben uns die äußere Welt erschlossen. Die spirituellen Traditionen des Ostens haben sich hingegen der Innenwelt zugewandt. Und wenn beide Welten in uns zusammenkommen, kann daraus ein sinnerfülltes Leben unter hinreichenden materiellen Bedingungen entstehen.

Menschen, die zu meditieren beginnen, können nach Überwindung anfänglicher Schwierigkeiten häufig eine tiefere Ruhe und Stille erleben. Diese Erfahrung wirkt sich auf zweierlei Arten aus: Erstens treten die Dinge der Außenwelt für die Zeit der Übung in den Hintergrund. Man kann sich für eine gewisse Weile von den Bedingungen der Außenwelt abwenden. Es entsteht ein Abstand, der in der Folge – auch nach der Meditation – zu einer größeren Übersicht führt. Zweitens wird der Meditierende auch ruhiger und stiller in sich selbst. Wir haben nicht nur äußerliche Probleme zu bewältigen, sondern auch das, was in uns ist, erfordert unsere Aufmerksamkeit. Ein Strom von Gedanken und Gefühlen hält uns ständig beschäftigt, gespeist von den Erlebnissen und Konflikten der Vergangenheit und den Notwendigkeiten der Gegenwart, sodass wir in unserer eigentlichen Tiefe nur selten verbleiben können. Hier nun greift Meditation ein, indem der Strom der Gedanken und auch der Sturm der Gefühle allmählich zum Abklingen gebracht werden. Auch ein Meditierender hat zunächst noch Gedanken. Jedoch verlangsamt sich während der Meditation der Strom der Gedanken, und auch unsere Gefühle können »sich setzen«.

Im Alltag ist unser Bewusstsein dauernd mit verschiedenartigsten Gedanken und ständig wechselnden Gefühlen gefüllt. Ständig sind wir damit beschäftigt, ob das, was uns begegnet oder was wir gerade fühlen, gut oder schlecht ist, ob es uns gerade nützt oder nicht von Nutzen ist. In der Meditation versuchen wir von diesem ichbezogenen Standpunkt wenigstens für eine Weile wegzukommen, zu einer Art »objektiveren« Bewusstsein. Wir werden in die Lage versetzt, Dinge in einer ruhigen Klarheit wahrzunehmen und uns nicht mehr davon überschwemmen zu lassen: Ich habe Gefühle. Ich bin mir dieser Gefühle bewusst, aber ich werde davon nicht mehr überwältigt. Ich bin nicht Gefühl, sondern da sind Gefühle vorhanden, die ich wahrnehmen, erleben kann, und gleichzeitig beobachte ich, wie sie kommen und gehen. Diese Wirkung der Meditation kann schon recht bald auftreten. Und so gewinnen wir nach einer Weile die Fähigkeit, uns ein Stück zurückzuziehen und aus einer gewissen Ruhe und Klarheit heraus wieder Kraft für den Alltag zu schöpfen.

Meditation leistet aber noch viel mehr, als nur eine ruhige Klarheit zu erzeugen. Meditative Praxis fördert ein intuitives ganzheitliches Erleben, das dazu beiträgt, uns Lebenssinn zu vermitteln. Wir lernen, Dinge nicht isoliert zu sehen. So kann es durch Meditation geschehen, dass ein Mensch, der zuvor egoistisch auf sich beschränkt war, erlebt, dass er ein Teil der Welt ist und im lebendigen Zusammenhang mit allem Leben steht. Dies bedeutet letztlich, dass man sich an etwas Größeres angeschlossen begreift, wenn die Meditation sich vertieft. Diese Erkenntnis kann zum Beispiel als Sich-eins-Fühlen mit allem Leben erlebt werden. Andere religiöse Traditionen fühlen sich in der Meditation verbunden mit Gott und seiner Schöpfung und gewinnen daraus einen neuen Zugang zum Leben und zum Mitmenschen.

Die Essenz meditativen Bewusstseins kann man am besten erfassen, wenn man sich Erfahrungen aus dem eigenen Leben vergegenwärtigt, bei denen man spontan in meditationsähnliche Bewusstseinszustände geriet. Hiervon handelten die Erzählungen dieses Buches. Um es zusammenzufassen:

Wenn wir bei einer Wanderung in die Weite der Landschaft schauen und die ganze Anstrengung der Wanderung vergessen, kann es geschehen, dass das Bewusstsein von der Natur ganz ausgefüllt wird und alles andere in den Hintergrund tritt.

Häufig aber sehen wir nicht das Feld, den Baum oder den Berg vor uns, weil wir mit anderweitigen Gedanken beschäftigt sind und uns so den Zugang zum unmittelbaren Erleben der Natur versperren. Unmittelbares Erleben in der Natur aber wäre ein erstes Aufleuchten dessen, was Meditation sein kann.

Eine andere Möglichkeit, meditatives Bewusstsein zu erfahren, ist intensives Arbeiten, bei dem wir uns für eine begrenzte Zeit selbst vergessen. Und wenn wir dann vielleicht auf die Uhr blicken, stellen wir mit Erstaunen fest, dass wir, ohne dass es anstrengend gewesen wäre, mehrere Stunden mit etwas zugebracht haben und dabei weder an uns selbst gedacht haben noch im Nachhinein im Einzelnen wissen, was wir genau gemacht haben. Es war nicht anstrengend, weil wir ganz bei der Sache waren, die wir gerade erledigten.

Andere Erlebnisse, bei denen wir in meditationsähnliche Zustände geraten, finden sich in der Liebe. Wenn wir uns ganz dem anderen Menschen zuwenden, gehen wir über unser eigenes »Ich« hinaus. In solchen Augenblicken entsteht eine großzügige innere Haltung, in der wir die ganze Welt umarmen könnten.

Jede Form intensiver Gefühlszustände kann dazu führen, dass man in eine Art meditativen Zustand eintritt, selbst in solchen entsetzlichen Augenblicken, in denen ein nahestehender Mensch verstorben ist oder der Partner uns verlassen hat. Auch hier gibt es Momente, in denen die Zeit stillzustehen scheint und eine ruhige Klarheit entsteht im tosenden Strom der Gefühle. Dies geschieht in jenem Moment, in dem wir akzeptieren lernen, was geschehen ist.

Häufig finden sich auch kurze, spontane Zustände der Meditation in Momenten nach starken Anstrengungen, wenn wir beginnen, uns zu entspannen. Hier können wir an das vorherige Beispiel unserer Wanderung denken: Wir haben eine anstrengende Wanderung hinter uns, sind auf dem Gipfel des Berges angekommen und setzen uns hin. Und bevor wir in die Erschlaffung sinken, gibt es einen Moment, in dem wir ganz ruhig und klar sind und uns freuen, dass alle Anstrengung vorbei ist.

Alle diese Erlebnisse treten spontan auf. Systematische Meditation ist der Versuch, solche Zustände des Bewusstseins durch beständiges Üben zu erlangen, und es ist hier nicht dem Zufall überlassen, dass sie entstehen. Wie tief die Meditation jedoch jeweils wird, kann man selbst bei langjährigem Üben nie vorhersagen. Man kann sicher nach langem Üben eine gewisse Klarheit und Ruhe des Bewusstseins erlangen. Aber dass es dann noch weitergeht, wir uns im Meditationsobjekt wiederfinden, ganz davon ausgefüllt werden, frei werden von jeglicher Ich-Vorstellung, das ist nicht zu erzwingen.

Kennzeichen meditativer Bewusstseinszustände sind Aufmerksamkeit und Bewusstseinsklarheit. Dies unterscheidet Meditation vom Schlaf, von bloßer Entspannung und allen hypnotischen Zuständen. Diese wache Klarheit ist in praktisch allen Formen von Meditation vorhanden. Es entsteht Achtsamkeit, die Dinge so zu sehen, wie sie sind.

Ein zweites Kennzeichen eines meditativen Bewusstseins ist es, dass das Erleben auf ein Meditationsobjekt gerichtet ist. Im Gegensatz hierzu springt das gewöhnliche Alltagsbewusstsein hin und her. Auch im Alltag gibt es Aufgaben, die wir konzentriert ausführen. Dieses unterscheidet sich jedoch oft von der Gerichtetheit der Meditation: Ein meditativer Zustand bezieht sich zwar auf einen Meditationsgegenstand, ist aber nicht etwas Einengendes, wie zum Beispiel das Lösen einer Mathematikaufgabe. Ein solcher Zustand ermöglicht vielmehr, die Aufmerksamkeit gleichzeitig auf mehrere Dinge »um das Meditationsobjekt herum« zu richten. Dabei sind Gedanken, Erleben und Empfinden wie ein klarer, stetiger Strom, der in die gleiche Richtung fließt.

Wenn wir zum Beispiel unseren Atem als Meditationsobjekt wählen, kann dies auf verschiedenen Ebenen erlebt werden. Wir erleben den Atem entweder an einer bestimmten Körperstelle oder am ganzen Leib, wir können dabei ein Glücksgefühl haben oder Schmerzzustände und gleichzeitig dabei noch dem Strom der Gedanken »zuschauen«.

Meditieren ist mehr als nur Konzentration. Zwar lenken beide das Bewusstsein auf ein Objekt. Jedoch ist das Erleben in der Meditation umfassender. Somit ist das Bewusstsein in der Meditation einerseits konzentrierter, als es normalerweise der Fall ist, andererseits ist es weit geöffnet und nicht so fokussiert wie beim konzentrierten Denken.

Ferner zeichnet sich eine gelungene Meditation durch die Intensität des Erlebens aus und beinhaltet gleichzeitig eine gewisse Unerschütterlichkeit. Unsere Gefühle sind vorhanden, aber wir werden nicht so mehr von ihnen hin- und hergeworfen. Hiermit verbunden ist oft eine Verminderung des Gedankenstromes. Auch in der Meditation kommen zunächst noch Gedanken, sie werden allerdings zunehmend seltener und kreisen allmählich mehr und mehr um das Meditationsobjekt.

Anfänger meinen manchmal, dass beim Meditieren keine Gedanken da seien, denn die Gedanken sind bei ihnen nur im Hintergrund, und das Meditationsobjekt steht im Vordergrund. Sie merken oft nicht, dass ein Strom von Gedanken trotzdem noch »in zweiter Reihe« durch das Bewusstsein zieht. Indem wir weniger vom Strom der Gedanken überschwemmt werden, werden wir ruhiger und klarer. Die Gefühle werden nicht weniger intensiv, aber überwältigen uns nicht mehr. Aus dieser emotionalen Stabilität entsteht Freude. Doch kann dies nur geschehen, wenn wir uns dabei zwar bemühen, jedoch nicht zu sehr anstrengen. Meditation, die wie eine lästige Pflicht mit der erzwungenen Regelmäßigkeit eines Uhrwerks geübt wird, bewirkt Verkrampfung, Unruhe und manchmal sogar Depressivität. Wenn man trotzdem freudlos weiterübt, entsteht daraus eine Art Dressurakt des Bewusstseins, in dem wir glauben, irgendein Meditationsobjekt festhalten zu müssen, aber dabei letztlich nur unseren Geist einengen und abstumpfen.

Ein weiteres Kennzeichen meditativen Bewusstseins ist die Gewinnung einer objektiveren Haltung uns selbst und der Welt gegenüber. Gewöhnlich beziehen wir im Alltag die Dinge oft auf unser eigenes Wohl und Wehe und sind darauf fixiert, ob uns etwas nutzt oder schadet. In der Meditation ist intensives Erleben jedoch nicht mehr auf das »Ich« gerichtet. Wenn in dieser selbstlosen Weise über einen längeren Zeitraum praktiziert wird und die Übung sich vertieft, kann sich allmählich ein Erfassen der Lebens- und Sinnzusammenhänge sowie eine Freiheit von Gewohnheiten des Handelns und Denkens entstehen. Wir alle sind geprägt von unserer Vergangenheit, sei es durch Kränkungen, Verletzungen, aber auch durch Dinge, die uns gutgetan oder uns herausgefordert haben. Aber diese Erfahrungen der Vergangenheit verstellen uns den Blick auf das unmittelbare Erleben und die Notwendigkeiten der Gegenwart. Meditation lehrt uns, nicht so sehr aus den Erfahrungen und Verletzungen der Vergangenheit heraus zu denken, zu handeln und zu empfinden als aus der unmittelbaren Gegenwart des Seins.

Die Erfahrungen der Vergangenheit sind für unser Überleben in der Welt durchaus auch hilfreich. Andererseits engen sie uns jedoch ein, verstellen unseren Blick. Ein Erleben, das nur von den Erfahrungen der Vergangenheit geprägt ist, bewirkt, dass unser Leben zunehmend leerer langweiliger, enttäuschter und oft angstvoller wird. Wenn wir lernen, immer wieder neue und lebendige Erfahrungen zu machen, entsteht ein Bewusstsein, das uns Menschen bis zum Ende unserer jetzigen Existenz Sinn geben wird.

Formen der Meditation

Es gibt zwei Richtungen von Meditation: Das Üben im Sitzen in der Stille und die Praxis der Entwicklung oder Übertragung einer meditativen Haltung und Lebenseinstellung in den Alltag hinein.

Meditation im Sitzen beinhaltet, dass man als Grundhaltung in wacher Aufmerksamkeit aufrecht sitzt, ohne dabei steif zu werden und sich zu verkrampfen. Dabei kann man auf einem Stuhl sitzen, ohne sich anzulehnen. Besser ist es jedoch, mit gekreuzten Beinen auf dem Boden zu sitzen, mit einem kleinen Kissen unter dem Gesäß, während die Hände im Schoß oder auf den Knien liegen. Ein solches Sitzen auf dem Boden ist aber nur sinnvoll, wenn es ohne Schmerzen und Verkrampfung möglich ist. Die gekreuzten Beine dienen dazu, den Blutkreislauf etwas zu drosseln, um so körperliche Erregung zu mindern. Die aufrechte Haltung hingegen lässt unser Bewusstsein wacher und klarer sein. Denn wenn wir zusammensinken, wird auch das Bewusstsein schlaffer und träger. Eine solche Grundhaltung ist für alle Formen der Meditation charakteristisch. Aus der Fülle der Meditationstraditionen lassen sich sechs große Gruppen bilden:

1) Meditation der offenen Weite

Hierbei wird versucht, den Geist weit, offen und vorurteilslos zu halten. Alles, was ins Bewusstsein kommt, wird für den Augenblick intensiv wahrgenommen, aber nicht festgehalten oder weiterverfolgt. Diese Techniken finden sich insbesondere im Zen-Buddhismus oder in der Dzogchen*-Praxis des Tibetischen Buddhismus. Manche meinen, dies sei eine »gegenstandslose« Form der Meditation. Das ist sie jedoch nicht, denn die Struktur und das Wirken des Bewusstseins wird hier zum Gegenstand der Meditation gemacht, indem das Entstehen und Vergehen von Gedanken und Gefühlen wahrgenommen und dabei versucht wird, »hinter« diesen Strom der sich wandelnden Phänomene zu schauen.

2) Konzentration auf ein Meditationsobjekt

In diesem Fall konzentriert man sich auf ein einziges Meditationsobjekt, bis dieses das ganze Bewusstsein erfüllt und alles andere in den Hintergrund tritt. Ein Beispiel hierfür sind die verschiedenen Formen der Atemmeditation: Hierbei wird der Atem nicht verändert, wir erleben vielmehr, wie der Atem »von allein« kommt und geht. Nach einiger Übung können wir dann versuchen, neben der Beobachtung der Atmung den Strom der Gefühle und Gedanken wahrzunehmen und sozusagen als Zuschauer diesen Dingen beizuwohnen, während sie sich in uns entfalten, entwickeln und wieder vergehen.

3) Einsichtsmeditation

Eine intuitive Einsicht in die Gesetzmäßigkeiten des Lebens und der Seins-Zusammenhänge wird hier angestrebt.

Bei dieser Meditation wird beobachtet, wie bestimmte Phänomene – wie zum Beispiel die Ein- und Ausatmung oder das Entstehen und Vergehen von Gedanken und Gefühlen – sich fortwährend abwechseln und verändern, sodass die vergängliche Natur aller Dinge und allen Geschehens erlebbar wird.

4) Erweckung universeller und erhabener Gefühle

Diese Praktiken beinhalten Meditationsformen, die mit das »Ich-Bewusstsein« überschreitenden Gefühlen verbunden sind. Hierzu zählen insbesondere die Entfaltung von universeller Liebe, Mitleid, Mitfreude und Gleichmut.

Liebe (Maitrī*) als Meditationsgegenstand zu verwenden bedeutet hierbei, ausgehend von einem Menschen, den man liebt, schließlich allen Wesen Liebe entgegenzubringen, sodass unser Herz weit wird für alles Leben und dass wir offen werden für die Gesamtheit des Lebens. Ein Beispiel einer solchen Übung habe ich als Vorschlag in der Geschichte über die Liebe beigefügt.

In ähnlicher Weise wird über Mitleid (Karuṇā*) meditiert. Dabei zerfließen wir nicht in Tränen, sondern machen uns in ruhiger Klarheit bewusst, dass es Unglück und Leiden in dieser Welt gibt, und entwickeln den Wunsch, daran etwas zu ändern, sei es aktiv oder mit liebenden Gedanken.

Mitfreude (Muditā*) im meditativen Sinne heißt nicht, uns völlig von der Freude über das Glück anderer überschwemmen zu lassen, sondern dass wir uns mitfreuen können, dass das Leben nicht nur leidvoll ist und oft beglückende Momente kennt.

Die Entfaltung von Gleichmut (Upekṣā) führt nicht zu Gleichgültigkeit, sondern ist die Fähigkeit, innerlich bewegt zu sein, ohne aus dem Gleichgewicht geworfen zu werden, also »gleichen Mut« in jeder Lebenssituation zu bewahren. Wenn wir so die ganze Welt mit unserem Geist durchdringen, mit Gefühlen der Liebe, des Mitleides, der Mitfreude und des Gleichmuts, kommen wir gefühlsmäßig über die Grenzen des engen Ich-Bewusstseins hinaus und fühlen uns verbunden, mit allem, was lebt.

Weitere Formen gefühlsbetonter Meditationen beinhalten die Hinwendung zu Gott, vorbildhaften Heiligen, Engeln oder (im Buddhismus) zu den »Erleuchtungswesen« (Bodhisattvas).

5) Mantra-Meditation

Mantras sind Laute, Worte und Wortkombinationen, die aus dem Sanskrit kommen (einer alten indogermanischen Sprache, die in der indischen Kultur vorwiegend für rituelle Zwecke genutzt wird). Sie haben zum Ziel, Menschen in einen höheren Bewusstseinszustand zu versetzen, kraft der ihnen innewohnenden Schwingung und ihrer symbolischen Bedeutung. Dabei werden Mantras mit wachem und klarem Bewusstsein innerlich wiederholt oder auch gesprochen und gesungen, sodass sie als Meditationsobjekte unseren Geist erfüllen.

Eine einfache Art, mit dem Mantra »OṂ« zu üben, habe ich in der Erzählung »Freiheit von der Tyrannei der Gedanken und Sorgen« vorgestellt.

6) Sādhanas

Dies sind Meditationsformen, die bestimmte Vorstellungsbilder beinhalten, die symbolischer, bildhafter und schöpferischer Ausdruck unserer eigenen inneren Tiefe und ihrer Kräfte sind. In diesem schöpferischen Prozess der Schaubildentfaltung werden Energien der Fantasie und eines anschaulichen Denkens in uns lebendig. Sādhanas* stehen vor allem in den Meditationsübungen des Tibetischen Buddhismus zentral. Eine vorbereitende Übung für Sādhanas habe ich in der Geschichte »Das Licht« vorgeschlagen.

Wichtig ist mir (gerade auch als Psychiater), dass Menschen, die in ihrem Leben bereits eine schizophrene Psychose erlitten haben, sich im Allgemeinen *nicht* (und vor allem nicht ohne Anleitung durch einen fachkundigen Lehrer) an Sādhanas heranwagen sollten.

Vorschläge für ein meditatives Bewusstsein im Alltag

Ein auf Meditation basierendes Bewusstsein im Alltag kann dir in den Stürmen des Lebens in mehrfacher Weise zu Hilfe kommen: Es ermöglicht Ruhe und Klarheit auch in schwierigen Situationen, schafft Übersicht, hilft, emotional nicht völlig aus der Bahn geworfen zu werden, und vermittelt dem Alltag einen hintergründigen Sinn.

Ein solches Bewusstsein kann sich von zwei Seiten her entwickeln: Wenn du Meditation täglich für einige Minuten oder länger in der Stille geübt hast, kannst du versuchen, in abgeschwächtem Maß dieses Bewusstsein auch in den Alltag hinüberzutragen. Du kannst aber auch für einige Augenblicke im Alltag versuchen, Ruhe und Stille durch kurze meditative Pausen zu finden.

Meditation und ein meditatives Bewusstsein sollten sich in den Schwierigkeiten und Erfordernissen des alltäglichen Lebens bewähren. Nicht umsonst sagte mein Zen-Lehrer, nachdem ich ihm von einer Meditationserfahrung berichtet hatte: »So, und was war danach im Alltag?«

Unser Leben ist gekennzeichnet durch eine ständige Beschleunigung dessen, was wir tun, und der Situationen, denen wir im Alltag ausgesetzt sind. Hier ist es sinnvoll, eine zeitweilige «Ent-Schleunigung« vorzunehmen: Schiebe zwischen den hektischen Abläufen des Alltags Augenblicke der Ruhe ein, in denen du dir die Frage stellst: »Was mache ich hier eigentlich?« Diese Frage wiederholend, beobachte dich einen Moment, so als wenn du dir von außen zuschautest. Ein Zen-Meister nannte diese Technik »Stoppen und Erkennen«: In der Tätigkeit für einen Moment innehalten und sich ihrer bewusst werden.

Zweitens könntest du versuchen, spontaner auf Lebenssituationen einzugehen und nicht nur aufgrund von Erfahrungen der Vergangenheit zu reagieren. Frage dich in schwierigen Situationen des Lebens: »Was erwarte ich aufgrund meiner Erfahrungen aus der Vergangenheit, und wie ist es jetzt wirklich?« Dies ist eine einfache Form von kurzer Einsichtsmeditation.

Weiterhin haben wir oft im Alltag das Problem, von unseren Gefühlen überschwemmt zu werden. Manche Menschen versuchen, dies zu vermeiden, indem Gefühle in den Hintergrund des Bewusstseins geschoben werden (was langfristig zu psychosomatischen Krankheitsbildern führen kann). Andere platzen heraus mit ihren Gefühlen und machen sich und anderen das Leben damit schwer. Es gibt aber auch einen meditativen Umgang: Versuche einerseits, deine aufwallenden Gefühle zu beobachten und wahrzunehmen, und atme gleichzeitig langsamer und tiefer als zuvor. Durch langsames, gleichmäßiges, etwas vertieftes Atmen vermindert sich die Heftigkeit der dich ergreifenden Gefühle. Wenn es dir gelingt, langsamer zu atmen, dem Strom der Gefühle zuzuschauen und gleichzeitig zu handeln, so hast du viel erreicht. Die heftigen Gefühle sind dann nicht weggedrängt, auch nicht unkontrolliert ausgelebt, sondern werden in ruhiger Klarheit in eine Bahn gelenkt, die weder dir noch dem anderen schadet und vielleicht zu einem konstruktiven Ergebnis führen kann.

Ferner ist es wichtig im Alltag, den eigenen Leib zu erleben, denn er ist ein feines Instrument, das dir anzeigt, wenn du aus dem inneren Gleichgewicht geraten oder überlastet bist. Wenn du – ohne dass es dafür körperliche Ursachen gibt – Herzrasen, Atemnot, Zittern, Schweißausbrüche, Schmerzen, Durchfälle, Harndrang usw. bekommst, dann weist dies darauf hin, dass irgendetwas nicht stimmt, dass du dich in einer schwierigen Situation befindest. Warum sitzt »die Angst im Nacken«, das Herz »in der Hosentasche«, der »Kloß im Hals«, die »Wut im Bauch«? Das aufmerksame Erleben des Leibes, wie du es durch Meditation (und vielleicht auch in einem Haṭha-Yoga-Kurs) lernst, macht dich aufmerksam auf Probleme, die du zu bewältigen hast und die dir vorher vielleicht nicht voll bewusst waren.

Wenn du also im Alltag bemerkst, dass du aus dem Gleichgewicht bist, wäre es hilfreich, zunächst zu fragen, was gerade belastend ist. Gleichzeitig solltest du versuchen, die verkrampfte Stelle in deinem Leib zu entspannen. Wenn du lernst, den Nacken zu entspannen, ist plötzlich die Angst geringer. Wenn die heftige Atmung beruhigt wird, überschwemmen dich deine Gefühle nicht mehr völlig. Entspannst du deinen Bauch, rutscht das Herz wieder »an den richtigen Fleck«, wird die Wut etwas geringer.

Eine weitere Möglichkeit, den Alltag mit meditativem Bewusstsein zu erfüllen, ist das bewusste Sehen. Dies kann vor allem auf dem Weg zur und von der Arbeit geschehen. Wenn du zu Fuß zur Arbeit gehst, verlangsame ab und zu deine Schritte und schaue dich bewusst um. Beim Benutzen öffentlicher Verkehrsmittel kannst du die Landschaft, die du siehst, »durch dich hindurchziehen lassen«. Alles, was kommt, wird mit offener Weite von den Augen und deinem Bewusstsein wahrgenommen. Beim Autofahren ist dies etwas schwieriger, weil eine gewisse Aufmerksamkeit auf den Verkehr notwendig ist. Hier sollte neben dem meditativ beobachtenden Sehen dein Bewusstsein auch auf spontanes Reagieren auf die jeweilige Situation eingestellt sein. Diese Morgen- oder Abendmeditationen vor und nach der Arbeit müssen nicht immer »schön« sein. Vielleicht nimmst du wahr, wie gehetzt die Menschen um dich herum sind, wie die Landschaft vor deinen Augen zerstört ist. Aber es ist ein Begreifen der Dinge, wie sie sind.

Neben dem bewussten Sehen könntest du auch bewusst hinhören. Meditatives Hören des Gegenübers beinhaltet, nicht nur darauf zu achten, was der andere sagt, sondern wie etwas gesagt wird. Und wenn du dies beides in ruhiger Klarheit wahrnimmst, mag es dir gelingen, auch zu verstehen, was der andere wirklich meint, und nicht, was er vordergründig mit Worten ausdrückt. Versuche im Gespräch, nicht sofort deinen eigenen Standpunkt dem anderen überzustülpen, sondern zuzuhören, was dein Gegenüber sagt und meint.

Eine andere Art der Meditation im Alltag ist es, Menschen, die dir begegnen, mit Liebe, Zuwendung, Mitleid, Mitfreude oder Gleichmut entgegenzutreten. Hier würde ich nicht gleich empfehlen, die vollendete buddhistische Meditationspraxis anzuwenden, in jeder Situation allen Menschen gegenüber voller Liebe zu sein. Dies ist ein hohes Ziel, doch in vollem Umfang sehr schwer umzusetzen. Aber wenn dich dein Gegenüber ärgert (warum und wodurch eigentlich?), versuche wenigstens, Gleichmut zu entwickeln, eine gewisse Unerschütterlichkeit, ohne abgestumpft oder gleichgültig zu sein, sodass du nicht völlig aus dem inneren Gleichgewicht gerätst. Mitmenschen, die leiden, kannst du vielleicht in gemeinsamer Betroffenheit begegnen. Gestatte dir auch, anderen, die glücklich sind, Mitfreude entgegenzubringen. Aufgeschlossenheit und Achtung gegenüber anderen Menschen sind wichtige Bestandteile eines emotionalen meditativen Bewusstseins im Alltag.

Ferner ist es möglich, im Alltag im Hintergrund des Bewusstseins Mantras zu wiederholen. Dieses ist jedoch nur sinnvoll, wenn man Erfahrungen mit Mantras auch beim längeren Sitzen in der Stille gewonnen hat, sonst wird es ein sinnloses Wiederholen von Silben. Mantras im Alltag sollten so geübt werden, dass einerseits wache Klarheit und Aufmerksamkeit auf das, was wir gerade tun, vorhanden ist und dass gleichzeitig im Hintergrund die Mantras wiederholt werden. Das Wirken von so im Alltag geübten Mantras ist vergleichbar mit dem Grundton in der indischen Musik: In einem indischen Orchester hat ein Musiker die Aufgabe, immer wieder mit seinem Instrument den Grundton anzuschlagen, nach dem sich alle anderen Instrumente richten. So kann eine im Alltag geübte Mantrapraxis deinem Leben einen hintergründigen Halt geben und das Bewusstsein auch in schwierigen Lebenssituationen stabilisieren.

Die Schaubildentfaltungsmeditationen des Buddhismus lassen sich nicht direkt in den Alltag übertragen. Ich kann mir zum Beispiel nicht vorstellen, dass es hilfreich wäre, sich im Alltag mit dem tausendarmigen Avalokiteśvara* bildlich zu identifizieren und so tun, als wenn wir mit diesen Armen durchs Leben gingen. Andererseits ist es natürlich möglich, dass du die Eigenschaften, für die Avalokiteśvara steht (nämlich Liebe und Mitgefühl), in deinem Alltag «verkörperst«. Bildhaftes Erleben ist aber durchaus auch in den Alltag einzubauen, in Form von meditativ bewusst gewordenen Tagesfantasien. Meditatives Bewusstsein heißt hier, dass du dir deiner Tagträume bewusst bist und sie auch willentlich gestaltest. Wenn dich zum Beispiel der Chef dauernd quält, die Kollegen dich mobben und keine Veränderung des Zustandes möglich erscheint, so kann es hilfreich sein, dir vorzustellen, einen anderen Arbeitsplatz zu finden. Wenn du dieser Tagesfantasie immer wieder nachgehst, hast du dich eines Tages so weit beeinflusst, dass es möglich wird, einen anderen Arbeitsplatz zu finden. Wichtig ist jedoch, dass die Fantasien dich nicht aus der Wirklichkeit entfliehen lassen, sondern dass du dir ihres ausgleichenden Charakters bewusst bleibst, sodass du schöpferische Kräfte freisetzt, die Veränderung bewirken können.

Es wäre schön, wenn du neben den Augenblicken der Meditation im Alltag auch in deinem Konsumverhalten Bewusstheit und unterscheidende Weisheit entwickeltest. Unsere Gesellschaft beruht immer noch teilweise auf der Annahme, dass es erstrebenswert ist, stets mehr zu haben. Uns wird das Gefühl vermittelt, dass wir glücklicher sind, wenn wir mehr verbrauchen. Hier aufmerksam zu werden, dass das nicht stimmt und dass uns weder der neue Käse noch das größere Auto glücklicher machen, schafft Freiheit. Das nicht gekaufte Auto ermöglicht dir, weniger zu arbeiten, mehr zu meditieren, deine Freizeit zu genießen und deinen Freunden und deiner Familie in Ruhe zu begegnen.

Anhang

Glossar

Āsanas Skrt., die verschiedenen Körperhaltungen des Hatha-Yoga.

Āshram Skrt., ein Zentrum für religiöse Studien und Meditation.

Ātman Skrt., nach hinduistischem Verständnis das wahre, unsterbliche Selbst des Menschen.

Avalokiteśvara Skrt., einer der bedeutendsten Bodhisattvas, dessen Macht sich darin ausdrückt, allen Wesen zu helfen.

Bhagavad Gītā Skrt., wörtl.: »Gesang des Erhabenen«; wichtiges philosophisches Lehrgedicht des Hinduismus.

Bodhidharma (ca. 470–543) indischer Mönch, der im 5. Jh. nach China zog und den Zen-Buddhismus dorthin brachte.

Bodhisattva	Skrt., wörtl.: »Erleuchtungswesen«; ein Bodhisattva ist im Mahāyāna-Buddhismus ein Wesen, das die Buddhaschaft anstrebt, jedoch so lange auf das Eingehen in das Nirvāna verzichtet, bis alle Wesen erlöst sind.
Brahmanen	Mitglieder der obersten Kaste der Hindus; seit den ältesten Zeiten Priester, Dichter, Gelehrte und Politiker (heute auch in anderen Berufen tätig).
Dhāraṇī	Skrt., wörtl.: »Trägerin«, kurze Formel, die tiefes Wissen enthält und etwas länger als ein Mantra ist.
Dzogchen	tibet., wörtl.: »Große Vollendung«; diese Lehre wird als »groß« bezeichnet, weil es für die Anhänger dieser buddhistischen Schule nichts Erhabeneres gibt, und es wird von »Vollendung« gesprochen, da keine weiteren Hilfsmittel nötig sind.
Gāyatrī	Skrt., einer der heiligsten Verse des Rigveda, ein wichtiges Mantra.

Govinda, Lama Anagārika (1898–1985)
buddhistischer Philosoph und Lehrer, Schriftsteller und Künstler; als Sohn eines deutschen Vaters und einer bolivianischen Mutter in Waldheim, Sachsen, geboren, kam in den 30er Jahren des 20. Jh. mit dem Tibetischen Buddhismus in Berührung und gründete die Gemeinschaft Ārya Maitreya Maṇḍala, um eine Brücke von Ost nach West zu schlagen. Den indotibetischen Tantrischen Buddhismus sah er – befreit von bloßen kulturellen Einflüssen – als eine Möglichkeit zur Entwicklung einer schöpferischen westlichen Spiritualität.

Īśā-Upaniṣad
Skrt., Name einer Upaniṣad, in der es um die Erkenntnis des Göttlichen (Īśā) und eine nicht-dualistische Sichtweise geht.

Karma-Yoga
Skrt.; einer der vier Haupt-Wege des Yoga; er besteht aus selbstlosem Tun, bei dem der spirituell Strebende jede Handlung und ihre Ergebnisse Gott als Opfer darbringt.

Karuṇā
Skrt., Erbarmen, tätiges Mitgefühl, zärtliche Zuneigung.

Kōan	jap., wörtl.: »öffentlicher Aushang«; eine Formulierung im Zen, die auf die letzte Wahrheit hindeutet. Darin wird in oft paradoxer Form auf unmittelbare Erfahrung hingewiesen, die jenseits von Logik und Begrifflichkeit liegt.
Krishnamurti, Jiddu (1895–1986)	spiritueller Lehrer und Autor aus einer indischen Brahmanen-Familie. Als Junge von Theosophen entdeckt, ausgebildet und als künftiger Weltenlehrer ausgerufen, befreite er sich von theosophischen Wurzeln und wurde zu einem der maßgeblichen spirituellen Lehrer des 20. Jahrhunderts.
Lama	tibet., wörtl.: »Höherstehender«; im Tibetischen Buddhismus ein religiöser Meister, dem vom Schüler Verehrung entgegengebracht wird, da sich in ihm die buddhistische Lehre unverfälscht verkörpert.
Loka-Samgraha	Skrt., Dienst an der Welt, Beitrag zum Welterhalt.
Maharshi, Rāmaṇa (1879–1950)	einer der größten indischen Heiligen der Neuzeit; er lebte und lehrte am heiligen Berg Aruṇācala.

Maitrī Skrt., wörtl.: »Güte, Wohlwollen«; eine der buddhistischen Haupttugenden, altruistische Liebe.

Māṇḍūkya-Upaniṣad Skrt:, Name einer Upaniṣad, die von der heiligen Silbe OṂ und den vier Bewusstseinszuständen Wachzustand, Traum, Tiefschlaf und dem absoluten vierten Zustand (Turīya) handelt.

Mantra Skrt.; heilige Silbe oder Wortfolge, die formelhaft wiederholt wird; Mantras haben ihren Ursprung in der indischen Sanskrit-Sprache und können entweder sprechend, flüsternd, singend oder in Gedanken rezitiert werden.

Mantra-Meditation Meditationsform, bei der zur inneren Sammlung ein Mantra wiederholt wird.

Māyā Skrt., wörtl.: »Täuschung, Illusion, Schein«; die sich ständig verändernde Welt der Formen und Erscheinungen, die ein unerleuchteter Geist als einzige Wirklichkeit ansieht.

Mondō jap., wörtl.: »Frage-und-Antwort«; Zen-Dialog zwischen Meister und Schüler.

Muditā Skrt., bezeichnet die Mitfreude mit dem Glück anderer Wesen.

Ortega y Gasset, José (1883–1955) spanischer Philosoph und Essayist.

Pradakṣiṇa Skrt.; Umkreisung, Umwandern eines Heiligtums oder heiligen Berges.

Pratyāhāra Skrt.; das Abziehen der Sinne von den Sinnesobjekten, damit das Denken nicht mehr abgelenkt wird, sondern sich ungestört auf die Meditation richten kann; eine unerlässliche Vorbedingung für Konzentration.

Rishi Skrt.; im Hinduismus Bezeichnung für Seher, Heilige und Weise.

Sādhanas Skrt., so viel wie »Mittel zur Vollendung«, Bezeichnung für eine bestimmte Art von Ritualtexten und die darin ausgeführten Übungen bildhafter Visualisierungen.

Sat-cit-ānanda	Skrt., wörtl.: »Sein-Bewusstsein-Glückseligkeit«; Umschreibung des Göttlichen (Brahman); da das Unendliche oder Göttliche mit Worten nicht beschrieben werden kann, wird dies als eine begriffliche Annäherung verwendet.
Śantideva	indischer Gelehrter; nach der Legende ein Königssohn aus Südindien, der im 7./8. Jahrhundert als Mönch an einer Klosteruniversität wirkte.
Śiva	Skrt., wörtl.: »der Gütige, der Freundliche«; die dritte Gottheit in der Hindu-Trinität Brahmā, Viṣṇu und Śiva, Gott der Auflösung und Zerstörung; als Zerstörer der »Nicht-Erkenntnis« ist er eine segensvolle Gottheit.
Śri Aurobindo (1872–1950)	indischer Heiliger und Philosoph; er entwickelte den sogenannten Integralen Yoga.
Tantra	Skrt., wörtl.: »Gewebe, Zusammenhang, Kontinuum«; spirituelles Übungssystem, dessen zentrales Thema die Integration innerer Kräfte zu einer Ganzheit ist.

Tulku tibet., wörtl.: »Körper der Verwandlung«, im Tibetischen Buddhismus Bezeichnung für eine Person, die nach bestimmten Prüfungen als Wiedergeburt einer zuvor verstorbenen Persönlichkeit angesehen wird.

Upaniṣaden Skrt., wörtl.: »sich nahe zu jemandem niedersetzen«, d. h. zu Füßen des Guru sitzen, um die Lehre zu empfangen; Sammlung philosophischer Schriften des Hinduismus.

Upekṣā Skrt., wörtl.: Gleichmut; eine der wichtigsten buddhistischen Tugenden.

Vajrasattva Skrt., wörtl.: »Diamant-Wesen«; Prinzip der Reinheit und Läuterung.

Veden Skrt.: Veda, wörtl.: »Wissen, heilige Lehre«; die Gesamtheit der ältesten religiösen Texte der indischen Literatur.

Yogi Skrt., einer, der den Yoga übt.

Zum Weiterlesen

Bäumer, Bettina (Hg.): *Upanishaden – Die Heiligen Schriften Indiens Meditieren,* Kösel Verlag, München 1997

Govinda, Lama Anagārika: *Buddhistische Wege in die Stille,* Aquamarin Verlag, Grafing 2007

Ders.: *Der Weg der weißen Wolken,* O. W. Barth Verlag, Frankfurt a. M. 2004

Ders.: *Einsichten eines Pilgers im Himalaya,* Dharma Publishing, Pulheim 1993

Ders.: *Grundlagen tibetischer Mystik,* Aquamarin Verlag, Grafing 2009

Ders.: *Mandala und Lotos;* O. W. Barth Verlag; Frankfurt a. M. 2001

Hesse, Hermann: *Siddhartha,* Suhrkamp Verlag, Frankfurt a. M. 2006

Wir danken für die Abdruckrechte aus folgenden Werken:

Seite 21
Hermann Hesse, *Siddhartha,* Suhrkamp Verlag, 2006.

Seite 21/22
Lama Anagārika Govinda, *Grundlagen tibetischer Mystik,* Aquamarin Verlag, 2009.

Seite 44/45
Lama Anagārika Govinda, *Mandala und Lotos,* O. W. Barth Verlag, 2006.
Alle Rechte vorbehalten S. Fischer Verlag GmbH, Frankfurt a. M.

Dank

Danken möchte ich den vielen Yogaschülern und den Dharmafreunden im Ārya Maitreya Maṇḍala, die durch ihre inspirierenden Berichte über spontane Meditationserlebnisse, die sie zum Yoga, dem Buddhismus oder anderen spirituellen Wegen führten, Anstoß zu diesem Buch gaben.

Danken möchte ich auch allen, die mich zu spirituellem Bewusstsein in geistiger Freiheit, Achtung und Ehrfurcht vor den großen religiösen Traditionen der Menschheit führten, auch wenn meine nahe geistige Heimat der Buddhismus ist. Besonders erwähnt seien an dieser Stelle: meine Eltern, meine Großmutter, katholische und evangelische Religionslehrer, Svami Satya Deva, Svami Kuvalayananda, Sangharakshita, Ācārya Buddharakkhita, Pir Vilayat, Roshi Nagaya Kichi, M. L. Gharote, vor allem aber Lama Anagārika Govinda und S. H. der XIV. Dalai Lama.

Beim Verfassen des Manuskriptes haben mich Freunde des Ārya Maitreya Maṇḍala tatkräftig unterstützt: Vasudhārā mit der Anbahnung von Kontakten zum Theseus-Verlag. Susanne Klein hat mir als Lektorin in engagierter und kompetenter Weise freundlich und hilfsbereit zur Seite gestanden. Alexanader Reichardt (Jayānanda) sowie Isabell Johne, die das Manuskript korrigierten und mit notwendigen Anmerkungen versahen, sei ebenso gedankt.

Besonderer Dank aber gebührt Frau Renate Huf-Wentzel, ohne deren Anregung, Inspiration und Anmerkungen, Hilfe bei den Tücken des Computers, indologische Beratung und Erstellung der Endfassung dieses Buch nie entstanden wäre.

Über den Autor

Dr. Armin Gottmann wurde schon in jungen Jahren durch einen mehrjährigen Indienaufenthalt mit östlichen spirituellen Traditionen vertraut und absolvierte eine Yogalehrerausbildung unter Svami Kuvalayānanda. Er ist Schüler von Acārya Buddharakkhita, Sangharakshita, Roshi Nagaya und Lama Anagārika Govinda. Nach seinem Medizinstudium widmete er sich der Analytischen Psychotherapie nach C. G. Jung und arbeitete nach mehrjähriger klinischer Tätigkeit in eigener Praxis.

Er ist Leiter der von Lama Anagārika Govinda gegründeten Gemeinschaft Ārya Maitreya Maṇḍala und gibt seit Jahrzehnten Meditationskurse u. a. im Haus der Stille, Roseburg, sowie im eigenen Meditationszentrum in Pforzheim. Des Weiteren ist Armin Gottmann seit über 20 Jahren in der Ausbildung von Yogalehrern in verschiedenen Yogaschulen engagiert.

Kontaktadresse
Ārya Maitreya Maṇḍala
(Sekretariat)
Stückelhäldenstr. 9
75175 Pforzheim
www.lama-govinda.de

Wichtiger Hinweis

Die in diesem Buch angedeuteten und vielfach bewährten Meditationsvorschläge sind für Menschen mit hinreichender psychischer Stabilität gedacht. Die Verantwortung für die Übungen liegen jedoch beim Leser, der im Zweifelsfalle professionelle psychotherapeutische Beratung in Anspruch nehmen oder einen erfahrenen Meditationslehrer konsultieren sollte.